AF342816

OL
S40.

LES

SIX DERNIERS MOIS

DE L'AMÉRIQUE

ET

DU BRÉSIL.

Se vend, ainsi que les autres ouvrages du même
Auteur, détaillés page 6 :

à Amiens, chez ALLO, libraire.
à Bordeaux, chez Madame veuve BERGERET, libraire.
à Clermont-Ferrand, chez THIBAUT-LANDRIOT, imp.-lib.
à Toulouse, chez SENAC, libraire.
à Perpignan, chez ALZINE, libraire.
à Grenoble, chez DURAND, libraire.
à Lille, chez VANACKERE, libraire.
à Lyon, chez MAIRE, libraire,
à Marseille, chez MASVERT, libraire.
à Montpellier, chez GABON, libraire.
à Dijon, chez COQUET, libraire.
à Rennes, chez { KERPEN, libraire. / DUCHESNE, libraires.
à Riom, chez SALLES, libraire.
à Rouen, chez { FRÈRE aîné, libraire. / RENAULT, libraire.
à Saint-Omer, chez BACLE, libraire
à Strasbourg, chez TREUTTEL et VURTZ, libraires.
à Aix-la-Chapelle, chez LARUELLE fils, libraire.
à Bruxelles, chez DEMAT, imprimeur-libraire.
à Leipsick, chez GRIESHAMMER, libraire.
à Breslaw, chez Th. KORN, libraire.
à Amsterdam, chez { DELACHAUX, libraire. / DUFOUR, libaire.
à Genève, chez PASCHOUD, libraire.
à Manheim, chez FONTAINE.
à Varsovie, chez GLUCKSBERG et Comp., libraires.
à Turin, chez { BOCCA, libraire. / PIC, libraire.
à Vienne (Autriche), chez SCHALBACHER, libraire,
à Anvers, chez VANDERHEY, libraire.
à Liége, chez COLARDIN, libraire.
à Mons, chez LEROUX, libraire.
à La Haye, chez VALÉE, imprimeur-libraire.
à Londres, chez { BOSSANGE et MASSON, 14 Great-Marl-
borough. / TREUTTEL et VURTZ, libraires, 30 Sho-
Square.

DE L'IMPRIMERIE DE POULET,

QUAI DES AUGUSTINS, N°. 9.

LES
SIX DERNIERS MOIS
DE L'AMÉRIQUE

ET

DU BRÉSIL;

PAR M. DE PRADT,

ANCIEN ARCHEVÊQUE DE MALINES;

Faisant suite aux Ouvrages du même auteur sur
les Colonies.

A PARIS,

CHEZ F. BÉCHET, LIBRAIRE,

QUAI DES AUGUSTINS, Nº. 57;

Et à Bruxelles,

Chez LE CHARLIER, libraire, montagne de la Cour.

FÉVRIER 1818.

TABLE

DES MATIÈRES.

Ouvrages du même Auteur qui se trouvent chez
le même Libraire.

1°. *Des Colonies et de la Révolution actuelle de l'Amérique*,
Paris, 1817, 2 vol. in-8°.   12 fr.

2°. *Les trois derniers mois de l'Amérique méridionale et du Brésil*,
suivis des personnalités et incivilités de la *Quotidienne* et du
Journal des Débats; seconde édition, revue, corrigée et
augmentée, pour faire suite à l'ouvrage ci-dessus des Colonies ; in-8°. 1718.   3 fr.

3°. *Lettre à un Électeur de Paris*, septembre 1817 ; un vol.
in-8°.   3 fr.

4°. *Antidote au Congrès de Rastadt*, 1798 ; suivi *de la Prusse
et sa neutralité*, 1799 ; nouvelle édition de ces deux ouvrage,
octobre 1817, un gros vol. in-8°.   8 fr.

5°. *Préliminaires de la Session de* 1817, novembre 1817 ; un
vol. in-8°.   3 fr. 50 c.

6°. *Des progrès du Gouvernement représentatif en France, session
de* 1817 ; in-8°.   1 fr. 25 c.

On trouve aussi chez le même libraire la belle carte de
l'Amérique méridionale , dressée par M. Lapie.

Cette carte , en deux feuilles colombier, imprimée sur beau
papier, coloriée avec le plus grand soin, et ornée d'un car-
touche dessiné par Moreau , se vend 10 fr.

LES SIX DERNIERS MOIS

DE L'AMÉRIQUE

ET DU BRÉSIL.

Americam , Americam !

Revenons à l'Amérique : ce grand sujet nous rappelle. Depuis bientôt vingt ans il est devenu le sujet de nos méditations ; alors il n'occupait aucune place dans l'attention publique. Elle était uniquement tournée vers les grandes scènes qui dans ce tems remplissaient en entier le théâtre de l'Europe. Celle-ci avait trop à faire pour donner beaucoup de loisir à la contemplation de ce qui se passait au-dehors et si loin d'elle. Pendant ce tems les germes des changemens qui reposaient au sein des contrées coloniales, se développaient en liberté. Saint-Domingue échappait à l'empire des blancs, et après bien des déchi-

"

remens et des malheurs, il se partageait entre des autorités différentes de formes, comme l'est la couleur de ceux qui les exercent. Le vaste continent de l'Amérique rompait ses liens avec la principale des métropoles de l'Europe. Le roi de Portugal, poursuivi en Europe, allait demander un asile à des terres nouvelles pour lui, à celles du Brésil ; pour la première fois depuis la découverte de l'Amérique, un souverain de l'Europe portait dans ces climats un sceptre européen ; pour la première fois une partie de l'Amérique apprenait à élever sa tête au-dessus de celle de l'Europe, et à donner des lois à ceux dont elle avait l'habitude d'en recevoir. Pendant ce tems les Etats-Unis prenaient d'immenses accroissemens en tout genre ; leurs habitans se répandaient dans les vastes solitudes situées derrière les monts Alleghanis, et portaient leurs peuplades mobiles jusqu'aux limites des possessions espagnoles du Mexique, jusqu'aux sources des fleuves qui, par des routes différentes, vont se décharger dans le Grand-Océan, ou dans le golfe du Mexique.

La France rentrée, par les fautes de l'Espagne,

en possession de son ancienne colonie de la Louisiane, en avait fait un nouvel apanage des Etats-Unis ; mieux avisée cette fois qu'elle ne l'avait encore été, elle avait su tirer parti d'une propriété que dans son infériorité maritime elle ne pouvait plus atteindre, et que son redoutable ennemi sur l'Océan, l'Angleterre, ne pouvait manquer de lui enlever, comme elle avait été en possession de le faire depuis un demi - siècle, pour ses possessions continentales du Canada, de l'Acadie et de l'Inde. En vendant la Louisiane aux Etats-Unis, la France a fait à la fois pour eux et pour elle tout ce qu'il y avait de mieux à faire ; car en renonçant à la propriété, elle n'a point renoncé aux bénéfices de son commerce, qui est la seule chose qui l'intéresse. Elle a abandonné aux Etats-Unis une possession qui leur convient beaucoup mieux qu'elle ne l'eût fait à elle-même, et dont la conservation dans ses mains propres ne pouvait manquer de devenir un sujet de querelles avec eux ; querelles que tout l'invite à prevenir et à éviter, car la France a dans les Etats-Unis son premier allié au-delà des mers. En même tems le pavillon américain se multipliait sur toutes les mers, héritier de ceux des nations que la longue interruption des relations commerciales en avait fait disparaître. Il pénétrait dans la Baltique, dans la mer Noire, sur les côtes de l'Inde; il forçait l'Angleterre à renoncer à une partie de son exclusif dans cette contrée.

De son côté, l'Angleterre s'était appropriée aux colonies tout ce qui pouvait la rendre forte ou riche. Elle n'avait épargné aux autres aucun des dépouillemens propres à les appauvrir ou bien à les assujétir; elle livrait à l'indépendance tout ce qu'il ne lui convenait pas de garder. Ainsi dans quelques années tout avait changé de face dans l'ordre colonial, et lorsque l'Europe s'est trouvée avoir repris assez de calme pour tourner ses regards de ce côté, elle a pu croire participer au réveil de ce philosophe que la fin d'un long sommeil fait trouver transporté au milieu d'un monde nouveau.

Semblable à ces murs élevés derrière ceux que le bélier, frappant à coups redoublés, menace d'une ruine prochaine, et qui dans leur subite apparition présentent un front menaçant à l'ennemi étonné d'avoir à franchir de

nouveaux remparts, une carrière immense de
nouvelles révolutions en Amérique s'est découverte tout à coup aux yeux de l'Europe,
au moment où elle venait de fixer un terme à
la sienne propre. Elle s'est trouvée en face de
peuples renouvelés dans toutes leurs idées, plus
séparés d'elle par leur nouvelle direction, qu'ils
ne le sont par l'Océan, et qui ont répondu par
l'appareil des armes, par des combats, par des
victoires, aux menaces comme aux invitations
des métropoles. Depuis sa découverte, l'A-
mérique livrait avec obéissance ses trésors et
ses fruits aux maîtres que le hasard lui avait
donnés, que sa faiblesse lui faisait supporter,
que son ignorance lui interdisait d'apprécier.
Mais arrivée à ce point de lumières et de forces
qui inspirent à l'homme le desir d'user de ses
moyens pour son intérêt propre, et qui lui
donnent la conscience de pouvoir le faire,
l'Amérique a déclaré qu'elle en savait assez
pour se conduire par elle-même, que son bras
suffisait à sa défense, et que désormais les fruits
de son sol appartiendraient aux mains qui auraient eu la peine de les faire naître.

La guerre ne pouvait manquer d'être le résultat de prétentions aussi opposées à celles des métropoles , et de résolutions aussi formelles de la part des ci-devant colonies. On a donc eu recours aux armes , et depuis trois ans , l'Amérique ruisselle de sang pour savoir à qui elle doit rester.

Depuis un long cours d'années nous avions indiqué tous les degrés qu'a parcourus ce grand acte de l'émancipation de l'Amérique. Dans un dernier tableau publié il y a six mois , nous avions fixé le *statu quo* de cette révolution , tel qu'il existait alors ; nous allons en poursuivre l'examen.

Le but de ce travail est de rechercher si l'indépendance a avancé ou reculé , gagné ou perdu. La considération de cette *hausse* ou de cette *baisse* déterminera le jugement à porter sur l'événement final. Pour plus grande clarté, reprenons les choses au point où nous les avons laissées.

———

ÉTAT AU 1er. JUILLET. — BRÉSIL.

L'insurrection de Fernambouc avait été étouffée ; la guerre entre Morillo et Bolivar était concentrée dans cette immense étendue de terres qui, depuis l'Orénoque jusqu'à la mer des Antilles, embrasse les Guyanes avec les sept provinces qui forment la capitainerie générale de Caraccas. La province de Carthagène et le royaume de Terre - Ferme n'en étaient pas entièrement exempts, non plus que le royaume de la Nouvelle-Grenade ; mais le siége principal de la guerre était établi dans la capitainerie générale de Caraccas.

Une des armées de Buénos-Ayres, sous le général Saint-Martin, occupait le Chili.

Une autre, sous le général Belgrano, était destinée à rejeter dans le Pérou l'armée venue de ce pays, qui avait envahi la partie du territoire de Buénos-Ayres qui est la plus rapprochée du Pérou.

Artigas était en présence des Portugais de Monte - Video, et les contenait dans cette place.

Le Mexique faisait peu parler de lui ; les Espagnols, maîtres des points de communication du Mexique avec l'Europe, pouvaient dire tout ce qu'ils voulaient sur l'état intérieur de cette contrée ; quelques millions échappés à grand'peine aux corsaires des indépendans , étaient donnés comme la preuve de la jouissance pacifique et incontestée de l'Espagne. Ils faisaient plus de bruit dans les gazettes que d'effet sur la bourse de Cadix ou sur le trésor de Madrid.

Tel était l'état des affaires , lorsque nous écrivions en juillet 1817.

Ce que nous écrivons aujourd'hui est donc la suite de ce que nous écrivions alors ; la réunion du tableau des deux époques formera l'ensemble , et comme le fil de cette importante histoire.

Pour cela nous avons à rechercher 1°. ce qui s'est fait en Amérique soit militairement , soit politiquement ; 2°. ce qui, sous les mêmes rapports , s'est fait en Europe , relativement à l'Amérique.

Commençons par le Brésil.

Le roi a persévéré dans son séjour dans cette contrée, et dans l'occupation de Monte-Video.

Son ministère a été renouvelé.

Il paraît aussi disposé à transférer son séjour de Rio-Janéiro à Saint-Salvador.

On peut donc le regarder comme fixé en

Amérique, comme y ayant élu domicile. Par conséquent, la métamorphose du Portugal en colonie, et celle du Brésil en métropole sont complettes. Il y a dans cette interversion de la position d'un pays à l'égard de l'autre, quelque chose de plus que de l'indépendance ; car cette interversion emporte avec elle indépendance pour l'ancienne colonie, et dépendance pour l'ancienne métropole. C'est plus que nous n'en demandions et plus que n'en prétendait l'Amérique, qui sûrement consentirait volontiers à laisser l'Europe indépendante d'elle, à condition que l'Europe, usant de réciprocité, en fît autant à son égard. Mais ce qui est le plus curieux dans tout ceci, c'est de voir les liens de la dépendance de l'Europe à l'égard de l'Amérique, tissus des mains mêmes d'un souverain de l'Europe.

Tel est un des plus agréables effets de cette espèce de souveraineté patrimoniale qui, attachant tout un peuple à un homme, et non pas cet homme à ce peuple, permet au premier de se transporter où il veut, emportant avec lui une souveraineté voyageuse qui le suit partout, sans que la distance ou la durée de l'absence introduise le moindre changement ou la moindre altération dans cette commode domination, ni dans aucun de ses résultats. Les peuples ne sont point du voyage, mais ils en payent les frais, et en subissent toutes les conséquences. Semblables aux campagnes qui restent toujours découvertes aux coups de l'orage, les peuples, immobiles comme elles, restent sous les coups des tempêtes politiques, tandis que mille asiles s'offrent à leurs chefs. Ce qui arrive au Portugal peut être regardé comme un autel de plus élevé au culte du gouvernement constitutionnel, qui sûrement mettrait bon ordre à des aberrations de cette espèce, et qui, en fixant le prince au milieu de la nation, l'attacherait au sort même des sujets, heureux et glorieux de confondre sa destinée avec la leur. Lorsque les peuples se sont donné des chefs, ce n'a point été pour les voir se séparer d'eux dans le danger, mais pour les retrouver à leur tête, lorsqu'ils sont menacés. L'intervention des cinq grandes puissances dans l'affaire de Monte-Video n'a pas encore obtenu son effet. Le changement du ministère Brésilien, et la distance qui nous sépare du

Brésil, ont dû apporter quelque retard aux suites de cette intervention, ainsi qu'à l'annonce de l'effet qu'elle a eu ; mais l'Europe a parlé, et à une heure ou bien à une autre sa parole ne sera pas vaine.

Déjà un ministre brésilien vient de se présenter à l'Europe. Les négociations sont au moment de commencer. Enfin, on verra le terme de cette querelle. Mais ses effets lui survivront par rapport à l'Amérique. Elle aura aussi contribué à faire ressortir, pour les affaires de l'Europe, l'inconvénient d'avoir à traiter avec des gouvernemens européens établis en Amérique. Cette distance exige de bien grands délais qui sont toujours préjudiciables dans les affaires.

En attendant un arrangement final, le Portugal, comme on a déjà eu lieu de l'observer, est devenu l'auxiliaire des indépendans. On a vu un mouvement des forces espagnoles vers les frontières du Portugal. Une partie des troupes stationnées dans le voisinage de Cadix à la destination de l'Amérique, a marché vers le Portugal. Par cette diversion, celui-ci s'est rendu bien réellement, quoique

sans intention et même contre son intention,
l'auxiliaire des indépendans; car il a enlevé à
l'Espagne la disposition de ses forces contre
eux. Tout soldat retiré des expéditions de Cadix, équivaut à un soldat donné à l'Amérique.
Pendant que les forces espagnoles sont occupées dans la péninsule, elles laissent à l'A-
mérique le tems d'accroître et de régulariser
les siennes, d'affermir son gouvernement,
d'étendre ses progrès et ses relations. Telle maladie qui, prise à tems, céderait facilement à
un remède, résiste à un autre, même plus fort,
mais administré hors de saison, après qu'une
invasion complette du mal a dénaturé les premiers rapports de la maladie. Il en est de même
de tous les retraits de forces, et de tout les
retards auxquels la diversion du Portugal
assujettit l'Espagne; ce qui n'était pas dépour-
vu d'apparence de succès à une époque, restera sans effet à une autre époque plus reculée,
le Portugal, en contrariant l'Espagne par sa
triste entreprise de Monte-Video, en la forçant
à retenir ses troupes dans la péninsule, s'est
constitué un auxilliaire très-précieux de l'indépendance Américaine. Il est vraiment cu-

rieux de l'entendre assigner la nécessité de se couvrir contre les indépendans, pour justifier son entreprise sur Monte-Video, pendant qu'il travaille à donner de grands accroissemens à cette même indépendance, en contraignant l'Espagne à garder chez elle les troupes qu'elle destinait à la combattre. En cela le gouvernement du Brésil a montré deux choses,

1º. Qu'il n'entendait point sa position, puisque, devenu Américain, il était contre nature qu'il s'armât contre d'autres Américains, et qu'il vînt faire les affaires de l'Europe en Amérique. 2º. Qu'il faisait ce que l'on appelle de la prose sans le savoir; c'est-à-dire qu'il travaillait sans s'en douter pour le bien-être du Brésil; car il est bien évident que tout ce qui accélérera l'émancipation de l'Amérique, profitera au Brésil, partie principale de l'Amérique, pays le plus avancé de l'Amérique méridionale. A moins que l'on ne transporte le Brésil en Europe, à son tour il aura besoin de l'Amérique contre l'Europe, autant que peut l'avoir toute autre partie de l'Amérique. Il forme avec elle un tout indivisible, lié par une communauté d'intérêts américains, qui ne permettent à au-

(14)

cune partie de l'association de se détacher des
autres. L'Amérique est, par la nature des choses,
un Etat fédératif, dès qu'il s'agit de l'Europe,
comme celle-ci le serait à l'égard de l'Amérique. C'est une vérité qu'il s'agit de bien reconnaître pour juger de la tendance et du mouvement de cette contrée. Le premier ministère
brésilien qui entendra bien ses affaires, ne s'y
méprendra pas; lorsque la cour du Brésil aura
suffisamment respiré l'air de l'Amérique, elle se
trouvera toute américaine par la seule force de
son séjour dans ce pays. Elle s'imprégnera, malgré elle, des propriétés inhérentes au sol américain, et, semblable à ces plantes auxquelles la
transplantation fait perdre une partie des formes
et de la saveur de la terre natale, et contracter celles de leur nouveau climat, la cour du
Brésil, dans un espace de tems fort rapproché,
cessera d'être européenne, et de regarder l'Europe avec des yeux européens, pour ne plus
la considérer que de la manière dont l'en-
visagent les autres Américains. Il ne faut pas
croire que le séjour de la cour de Portugal au
Brésil, soit de sa part une chose de choix.
On sent qu'elle doit souvent tourner des re-

gards de regrets et de douleur vers la terre natale. Si ce fut en exilée qu'elle passa au Brésil, c'est en contraint qu'elle y reste, car l'état de ce pays, les circonstances au milieu desquelles il se trouve placé au centre de la conflagration du continent américain, la force à ne plus s'éloigner du Brésil. Les progrès que ce pays fera chaque jour en population et en richesse, en ajoutant sans cesse à son importance, ajouteront par-là même à la nécessité de ne pas le perdre de vue. Car dans cet état de croissance, au milieu d'un voisinage troublé, l'abandonner à lui-même, équivaudrait à y renoncer, bien sûr que dans ce délaissement il ne tarderait pas à s'arranger pour son propre compte. L'événement de Fernambouc doit servir de leçon. La cour du Brésil a bien d'autres sintérêts à ménager dans cette contrée, que le roi de Portugal n'en a et ne pourra jamais en avoir à Lisbonne. L'horison du Portugal est bien borné en comparaison de celui du Brésil. Si des résolutions dont il est impossible d'assigner la nature et d'indiquer l'époque, ramenaient le roi du Brésil en Europe, il y reviendrait tout seul ; mais les traces du séjour qu'il aurait fait au Brésil, y resteraient. Après y avoir porté la liberté du commerce, et la fin de l'exclusif de celui de la métropole, il laisserait l'une et l'autre après lui : on ne les retire pas aussi facilement que l'on les donne. Ce sont de ces choses que l'on n'a jamais qu'une fois ; bien aveugle qui croit pouvoir les abandonner et les reprendre à sa fantaisie. Lorsqu'on est revenu de là, on n'y retourne plus. La présence du roi de Portugal au Brésil est donc une confirmation de l'indépendance américaine, bien plus, une aggravation de cette même indépendance à l'égard de l'Europe ; car elle assujettit une partie de l'Europe à une partie de l'Amérique.

Si, contre toute apparence, l'Espagne triomphait de l'Amérique, la seule liberté du commerce établi au Brésil et aux Etats-Unis, annulerait ce triomphe dans sa partie utile, qui est l'exclusif du commerce ; l'Espagne ne tend à retenir sa domination en Amérique, que pour retenir les profits attachés au commerce qu'elle y fait exclusivement, parce que ce n'est pas la puissance que l'on recherche avec les colonies, mais la richesse, qui à son tour devient le moyen de la puissance. Si, cent ans auparavant la formation des Etats-Unis, et plus tard, avant la translation du roi au Brésil, l'Espagne avait bien de la peine à se défendre des pavillons étrangers qui venaient se jouer de ses prohibitions, pour partager les profits de ses possessions américaines, comment s'en garantirait-elle, avec l'essor qu' a pris la marine américaine, avec l'occupation, par les Etats-Unis, d'une partie du golfe du Mexique, avec un état libre au Brésil qui coupe en deux l'Amérique méridionale, et qui fait au midi de cette contrée ce que les Etats-Unis font au nord ?

Tout se tient dans cette immense question des colonies ; avant de poser un principe, c'est-à-dire, de faire un acte, il faut y regarder de bien près, car les conséquences arrivent en foule ; elles sont de la nature la plus grave, et il est bien superflu de venir ensuite se débattre contre elles, lorsque les effets vous ont atteint, et se font ressentir de toute part. Malheureusement c'est ce qu'il est comme de règle de commencer par oublier. On se laisse aller à agir d'après des circonstances données, mais sans aucun rapport avec les principes ; on n'a point pesé les conséquences, elles se manifestent, et l'on se trouve pris au milieu d'un ordre dont on n'avait pas soupçonné la moindre partie. C'est ce qui est arrivé au roi de Portugal, par sa translation au Brésil, et par son attaque contre Monte - Video. En fuyant l'Europe, il est venu affranchir l'Amérique sans s'en douter ; en régnant sur le Portugal de son nouveau séjour du Brésil, en étendant son sceptre de l'un sur l'autre, il est venu donner à l'Amérique l'empire sur une partie de l'Europe, en rompant l'exclusif du commerce du Portugal à l'égard du Brésil ; il est venu rompre le grand lien qui attachait l'Amérique à l'Europe : il y a, comme on voit, bien des choses renfermées dans cette translation au Brésil ; en prenant une attitude équivoque à la fois contre l'Espagne et contre les indépendans, il a servi merveilleusement les derniers, en retenant en Espagne les soldats qui devaient venir les combattre en Amérique. Ainsi l'ennemi de l'indépendance s'est changé, sans le savoir ni le vouloir, dans un de ses plus actifs auxiliaires : il ne pourra échapper à la gloire involontaire d'être compté au nombre de ses fondateurs.

(19)

Laissons-le au milieu de l'Amérique et de ces contresens, ne pouvant pas plus sortir de l'une que des autres.

Guerre de l'indépendance en Amérique.

Il faut distinguer différens degrés dans la guerre à laquelle l'indépendance américaine donne lieu. Elle est militante dans quelques parties, triomphante dans d'autres.

A Buénos-Ayres, la guerre a cessé, et même, à parler plus proprement, elle n'a jamais commencé; car il n'y a pas eu d'attaque directe dirigée contre cette ville.

Une armée venue du Haut-Pérou a débuté par remporter loin d'elle d'assez grands avantages. Elle a envahi pour un moment les parties supérieures de son territoire. C'est tout ce qui a été tenté contre Buénos-Ayres. Son gouvernement a profité du repos dont on le laissait jouir pour s'organiser au civil, pour se fortifier militairement et se régulariser financièrement (1). Il ne manque d'aucun moyen d'attaque ni de défense. Dans l'état actuel, Buénos-Ayres ne craindrait point une attaque

____

(1) Voyez les pièces à la fin de l'ouvrage.

régulière. Ce qu'elle a fait deux fois contre les Anglais, elle le renouvellerait avec plus de facilité contre les Espagnols : dorénavant, il faut regarder Buénos-Ayres comme à l'abri de toute attaque. C'est là que se trouve l'ame de l'indépendance américaine, et le salut de l'une assure celui de l'autre. L'Espagne arriverait trop tard; elle a perdu du temps. Rome vit Annibal sous ses murs après la bataille de Cannes, et c'est pour n'y être point entré après lui avoir fait éprouver ce grand désastre, que, peu de temps après, celui-ci vit les Romains sous les murs de Carthage. Zama décida si Annibal savait aussi bien profiter de la victoire que la préparer et la remporter.

Buénos-Ayres, devenue maîtresse de la disposition de ses forces, est devenue conquérante; une de ses armées a envahi le Chili et l'a rendu à l'indépendance dont il avait joui quelques années auparavant. Une seconde armée a pénétré dans le Haut-Pérou à la suite de l'armée espagnole venue de ce pays. Celle-ci manquant de subsistances, harcelée par les bandes insurgées, a été forcée à la retraite. Ce qui en rentrera au Pérou, après toutes les pertes auxquelles assujétissent des retraites dans un pays d'un accès aussi difficile, ne sera pas très-propre à ajouter à ses moyens de défense. Le Pérou sera attaqué par les deux armées de Buénos-Ayres : la première, commandée par le général Belgrano, y pénétrera par la route des Cordillières. L'armée rassemblée au Chili sous le général Saint-Martin devra être transportée par mer, pour arriver à Lima. Le rassemblement des moyens de transport prendra beaucoup de temps. L'aridité des côtes du Pérou qui n'offrent presque partout qu'une plage brûlante et desséchée, interdit à une armée de suivre la route de terre. Ici, il faut se rendre compte du plan poursuivi par Buénos-Ayres ; il est tout américain, tout d'affranchissement général de l'Amérique contre l'Espagne. Si Buénos-Ayres n'avait en vue que son propre affranchissement, et même que l'affermissement de cet affranchissement, elle pourrait s'arrêter au point où elle est parvenue. Sûre dorénavant de ne pouvoir plus être troublée dans son intérieur, le but personnel serait rempli pour elle ; aucune attaque directe ne peut plus l'atteindre. Celles qui pourraient être dirigées du côté du Chili et du Pérou seraient trop lointaines, trop indirectes pour présenter rien d'inquiétant. Encore faudrait-il que ces pays appartinssent à l'Espagne; le premier n'est plus à elle, et l'on va lui enlever le second. Au lieu d'être menaçans pour Buénos-Ayres, ces deux pays vont lui servir d'auxiliaires et de remparts. Arrivée à ce point de sécurité, Buénos-Ayres pouvait s'arrêter en conservant dans son sein les forces qu'elle dirige au loin, et pour le service des autres; mais une politique plus élevée préside à ses conseils. C'est peu pour son gouvernement que d'avoir pourvu à sa liberté et à sa sûreté propre : c'est, de plus, à celle de l'Amérique entière qu'il étend ses vues, et cela dans une très-haute considération politique, celle de faire de chaque section de l'Amérique autant de remparts pour sa liberté ! celle de faire de l'Amérique un corps homogène de liberté, destiné à se soutenir mutuellement dans toutes ses parties ; idée généreuse et grande, idée de salut pour Buénos-Ayres, comme pour l'Amérique, comme il arrive presque toujours dans ces cas où le salut de l'un fait le salut de l'autre, idée de sagesse et de prévoyance, calcul bien supérieur à ce froid égoïsme qui compromet tout, parce qu'il rétrécit tout. On retrouve dans cette conduite de Buénos-Ayres cette étendue de vues qui est presque toujours compagne des grands changemens politiques, époques dans lesquelles on élargit tout, tandis que les adversaires placent leur sûreté dans la défense de quelques remparts qui tombent les uns après les autres. Généralement l'étendue et la résolution sont du côté du changement, la timidité et l'irrésolution de celui de la conservation.

Buénos-Ayres a conquis le Chili au profit de l'indépendance, il fera de même pour le Pérou; on voit là l'effet d'un système suivi, destiné à s'étendre à toutes les parties de l'Amerique, jusqu'à l'entier épuisement de la domination espagnole. On s'arrêtera lorsqu'il n'en restera plus de traces; ce plan est le seul raisonnable, le seul digne d'hommes pensans, le seul correspondant à la grandeur des sacrifices qu'a déjà faits l'Amérique; tant qu'il restera une seule porte ouverte à l'Espagne, l'Amérique ne pourra se tenir assurée de son sort. Elle imitera les Etats-Unis, qui sûrement ne se seraient point arrêtés avant d'avoir affranchi la totalité de l'Amérique du nord , et qui n'auraient pas accordé à l'Angleterre Boston et Charlestown, pour conserver Neuw-Yorck et Philadelphie. Des affaires de cette importance doivent être faites d'ensemble , et puisque la querelle est engagée , il faut la conduire jusqu'au bout. Telle est la marche suivie par Buénos-Ayres, qui est l'ame de cette grande entreprise pour la liberté américaine.

On ne doit pas attendre d'événemens importans dans cette partie avant quelques mois. Le territoire de Buénos-Ayres est exempt de la guerre : son armée du Pérou n'a qu'à suivre la retraite que les royalistes effectuent péniblement : son armée du Chili n'a plus d'ennemis devant elle ; elle est occupée des préparatifs de son passage au Pérou ; c'est lorsqu'il s'effectuera que l'intérêt attaché à cette grande scène se renouvellera. Mais pendant que la guerre languit dans le sud de l'Amérique, elle est en pleine vigueur dans la capitainerie générale de Caraccas. La multiplicité des actions qui y ont eu lieu , caractérise les guerres de révolution , ou les guerres civiles ; les guerres purément politiques n'ont point le même ca-

ractère d'acharnement , d'impétuosité , de besoin de se surmonter. Dans les unes il n'entre
que des calculs, et dans les autres des passions,
et celles-ci sont bien autrement actives et per-
sévérantes que les premières.

La guerre entre Morillo et Bolivar a déve-
loppé de part et d'autre une inconcevable activité ; du côté des indépendans elle a acquis de
la science dans les combinaisons, et la régularité qui appartient aux guerres de l'Europe.

L'évaluation des forces des deux partis n'est
pas facile à fixer, on pourrait même dire
qu'elle n'est point nécessaire ; l'égalité générale, malgré les inégalités partielles, se prou-
verait par la manière dont les partis se soutiennent en présence l'un de l'autre, et se balancent entre eux. Les indépendans ont évidemment l'avantage du nombre, les Espagnols
celui de la tactique. Mais ce dernier, qui de sa
nature est communiquable, se partage chaque
jour entre eux et leurs adversaires, et finira
par rester égal entre eux, ce qui rompra l'équi-
libre en faveur des indépendans qui sont en possession de celui du nombre. L'éducation militaire des Américains du midi se fera comme

se fit celle des Américains du nord. C'est en combattant que ce métier s'apprend , comme ils s'apprennent tous par l'usage. Dans cette carrière les hommes retrouvent bientôt leur égalité naturelle , libres qu'ils sont de déployer toutes leurs facultés , et là il n'y a pas long-tems de secrets ni d'obstacles pour personne. La révolution française offre à cet égard la plus vaste expérience et la plus sûre leçon. A leur tour les Américains en sont là : ils combattent, par conséquent ils s'aguerrissent ; la passion produite par les intérêts qu'ils ont à défendre, supplée à ce qui peut leur manquer du côté de l'instruction ; ce qui se fait avec passion, finit par se bien faire ; inégaux en science militaire , ils sont supérieurs par tous les mobiles moraux qui ajoutent aux facultés de l'homme. On vient d'en avoir la preuve dans ce qui s'est passé à l'attaque de l'île de la Marguerite. Qui aurait présumé qu'elle eût quelque chose à opposer à un corps de troupes réglées tel que celui qu'y conduisit Morillo ? Qui ne la regardait pas comme prise, par-là même qu'elle était attaquée ? Qui soupçonnait l'existence d'un bataillon et d'un chef militaire à la

Marguerite? Eh bien, après plusieurs jours de combats, le redoutable Morillo s'est vu forcé de lâcher prise, et de s'en retourner en laissant une partie de ses soldats tombés sous les coups d'hommes que l'on ignorait avoir jamais manié une arme, et qui ont puisé leur force principale dans le besoin et dans la résolution de se défendre. Qui le veut, le peut. Il en sera de même dans les autres parties de l'Amérique, les mêmes causes produisent les mêmes effets.

La guerre dans cette partie a changé de théâtre. Des bords de la mer des Antilles, elle est revenue dans l'intérieur des terres, sur les rives de l'Orénoque. Ce changement a assuré aux indépendans de grands avantages. Il leur a donné, par cette occupation du territoire propre à l'entretien des animaux, la faculté de s'approprier les immenses troupeaux qu'il nourrit, ainsi que des retraites sûres en cas de malheur. De plus, ce changement du théâtre de la guerre a relégué leurs ennemis sur les côtes qui sont dépourvues de moyens de subsistances, ravagées qu'elles se trouvent être par plusieurs années d'une guerre dévorante pour tous les êtres animés. C'est une très-savante combinaison , et qui annonce de grands progrès parmi les indépendans, que celle qui les a porté à donner une direction nouvelle à leur guerre. En s'assurant, comme ils l'ont fait, du cours de l'Orénoque, et en refoulant leurs ennemis sur les bords de la mer, ils se sont assurés de toutes les ressources de l'intérieur du pays. La partie qu'ils occupent n'avait point été atteinte par la guerre , ainsi ses moyens sont entiers. Le plus précieux de tous est celui des chevaux, qui s'y trouvent dans un nombre immense , et dans un état complet de liberté , ce qui exige beaucoup de tems auparavant que de les rendre propres au service de l'homme. Par-là les Espagnols ont perdu un avantage que rien ne peut compenser. Il leur sera difficile de tenir la campagne devant des ennemis qui, au moyen de leur cavalerie , peuvent les harceler sans craindre eux-mêmes d'être inquiétés. Après avoir fait la conquête de la contrée de l'Orénoque, les indépendans se sont avancés en deux divisions sur Caraccas et Cumana. Morillo, de retour de la malheureuse expédition de Marguarita , doit se trouver vis-à-vis d'eux ; il faudra voir ce que produira cette rencontre : si les

indépendans courront le hasard d'un combat
général, ou, si mieux avisés, ils se borneront
à conserver les avantages acquis pour en faire
le moyen d'avantages nouveaux, en ne s'occupant plus que de ruiner un ennemi qui se re-
crute de loin et qui manque de tout : ce dernier calcul, quoique moins héroïque que le
premier, paraît le plus sûr; de sages retardemens
sont souvent devenus le principe de grands et
solides succès. On a annoncé le rappel de Morillo. Quel que soit le mérite du successeur,
il aura de la peine à dépasser son devancier en
courage, en activité, en résolution. La vigueur
militaire paraît lui avoir appartenue éminem-
ment. Morillo mérite sûrement d'occuper une
place parmi les guerriers infatigables et qu'aucune difficulté n'a le pouvoir de rebuter; heureux si l'humanité avait joint ses douces palmes
aux lauriers que la force de son caractère lui
a mérités. C'est sur des théâtres semblables à
celui où Morillo a dû exercer son talent et sa
constance, que se déployent les hautes qualités des guerriers. Nos guerres d'Europe,
faites sous un ciel ami de l'homme, dans un
pays chargé de population, percé de routes

commodes, enrichi de tous les produits des arts, au milieu de champs couverts de moissons, sont des parties de plaisir en comparaison de celles qui se font dans des climats partagés entre des déluges alternatifs d'eau ou de feu, dans lesquels tout est extrême, où il faut se défendre des exhalaisons de la terre, des insectes que son sein vomit pour tourmenter les êtres animés ; pays dans lesquels aucune industrie ne s'offre au secours de l'homme, où sa main n'a tracé aucune route, n'a élagué aucune des épines qui couvrent des terres encore neuves, n'a jeté sur d'innombrables rivières aucun de ces liens qui, en Europe, enchaînent leurs rives l'une à l'autre ; où l'art de guérir est aussi inconnu que les moyens de blesser sont communs, où l'on manque de ces dépôts que des calculs savans ménagent ailleurs pour recevoir ce qui facilite le mouvement ou l'entretien d'une armée. En Amérique, un général doit, sous peine de périr promptement, réunir à un haut degré des qualités physiques et morales dont un général d'Europe peut absolument se passer. Mais si la prolongation de ces combats, de l'effusion du sang et

de toutes les horreurs , compagnes insépara-
bles de ces sortes de tragédies et d'une guerre
faite avec la plus grande animosité , a bien de
quoi attrister, un rayon de joie luit au fond de
ce triste tableau, et vient l'éclairer par le retour
des deux partis à des mesures moins cruelles
que celles auxquelles ils s'étaient abandonnés
jusqu'ici. L'humanité vient enfin de remporter
ce triomphe des deux côtés, et, comme à l'envi,
on a publié des amnisties ; le besoin de la clémence et du retour à l'humanité s'est fait également sentir ; ennemis sur tout le reste, on s'est
trouvé rapproché sur ce point. Enfin on verra
donc la guerre bornée aux seuls combattans.
L'homme désarmé ne sera plus atteint par le fer
qu'il n'aura pas provoqué, auquel il ne peut
opposer qu'une poitrine découverte. C'en est
donc fait dans ces contrées, leur dernier re-
fuge, de ces abominables méthodes d'extermination que des hommes aussi dépourvus de lumières que d'humanité y avaient portées, sans
avoir, il faut le croire, calculé leurs épouvantables résultats. Puissent-elles également disparaître de tous les autres champs de bataille
qui restent encore ouverts en Amérique ! Que

pour être ennemis, on ne cesse point pour cela d'être hommes. Les hommes sont-ils donc des animaux féroces qui se déchirent pour s'arracher une proie? Si la guerre est, par sa nature, le tombeau de beaucoup d'hommes, il est contre sa nature qu'elle soit celui de l'humanité. N'est-ce donc pas assez de ses rigueurs nécessaires, sans y ajouter par systèmes? La proclamation par laquelle Bolivar a invité les habitans des Guyanes à rentrer dans leurs foyers, respire un ton de douceur et présente des principes de justice et d'ordre fort propres à faire bien augurer (1) des dispositions du gouvernement de Vénézuéla, et par-là même à contribuer à son affermissement. Dans d'autres occasions, Bolivar avait usé d'horribles représailles contre les prisonniers de guerre espagnols renfermés à la Guyara. Il a assigné pour justification la nécessité de contenir les Espagnols, et de les ramener à l'observation des principes de l'humanité par la crainte des suites terribles attachées à leur violation. Effectivement, les Espagnols, sous le commandement

______

(1) Voyez les pièces à la fin de l'ouvrage.

de Monteverde, avaient commis d'affreuses barbaries contre les indépendans. Morillo ne les a pas épargnés davantage. En général, les Espagnols ont traité les Américains avec une grande rigueur : chez eux , cette disposition provient à la fois d'un sentiment et d'une idée première : de la supériorité et de la domination; l'orgueil blessé est le principe de tous les deux; les Européens ont toujours eu du mépris pour les colons; toujours ils les ont regardés comme des hommes de labeur et comme des sujets , comme leurs inférieurs et leurs serviteurs. L'é-galité, la rupture des liens, la fin de la domina-tion a dû les révolter, et appeler tous les châ-timens sur les téméraires. L'exaltation des sen-timens blessés a produit la rigueur, et l'on a cru que tout était légitime, pourvu que l'on ramenât à l'obéissance et que l'on fût craint. C'est à ce double mobile que l'Amérique doit ses mal-heurs. Tel homme qui reculerait à l'idée de la mort d'un Européen, se joue de la vie d'un nègre, d'un mulâtre, et regarde peu à celle d'un colon. C'est la suite de la manière dont les métropoles ont envisagé la population des colonies ; l'a-chat d'un homme à prix d'argent est la racine du mal. Dès qu'on a pu se procurer des hommes comme toute autre marchandise, l'humanité a disparu. Puisse ce dernier exemple de l'inutilité des sévices, donné sur une si vaste échelle, servir enfin de leçon pour montrer à tous les hommes que si ces pratiques sont détestables par elles-mêmes, de plus elles sont inutiles; ce qui met le comble à l'horreur qu'elles sont faites pour inspirer.

Il faut que les forces espagnoles, en Amérique, soient bien peu de chose, pour qu'une entreprise aussi téméraire que celle qui a eu lieu sur l'île d'Amélia, ait pu se soutenir seulement pendant quelques jours. Des aventuriers s'en emparent, ils s'établissent en face des Florides ; ils font de ce point un repaire de corsaires; ils vivent du produit de leurs captures ; ils annoncent au monde entier qu'ils attendent des compagnons pour tenter à jour nommé l'attaque des Florides, et depuis six mois l'Espagne d'Europe et d'Amérique n'a pas eu deux frégates à lancer contre cet essaim, pour le balayer comme le vent chasse la poussière. L'occupation de l'île Amélia est à la guerre ce qu'Amélia elle-même est à la carte de géographie, c'est-à-dire, un point, rien ; mais il est beaucoup comme indication du délabrement de la puissance espagnole, délabrement qui s'étend à tout, puissance qui ne suffit plus à rien garder. Dès que l'on en touche une partie, elle croule. On dirait ces squelettes d'Herculanum, que le contact de l'air faisait tomber en poussière. Le territoire espagnol est toujours au premier occupant ; et l'on appelle cela régner, posséder ; le vague, l'absence, un nom conféré à un pays, un gardien donné à une maison abandonnée, suffisent pour constituer une souveraineté! Les gouverneurs d'une partie des possessions espagnoles d'Amérique ressemblent aux concierges de ces châteaux inhabités, où l'on ne voit les maîtres qu'en peinture. Dans cet état de dépérissement et d'inutilité, on n'apperçoit point ce qu'il y a à perdre ou à gagner par la conservation ou par le passage entre d'autres mains. Qu'est-ce que l'Espagne perd avec les Florides ? que gagnera-elle à les garder ? elles ne lui rendent rien, et par leur position entre la Louisiane et les Etats-Unis, elles prêtent à des contestations avec ces der-

niers, qui ont trop d'intérêt à leur possession,
pour ne pas tendre sans cesse à la réaliser. On
voit bien à quoi les Florides peuvent servir
aux Etats-Unis ; on sent bien ce qu'ils sauront
en faire, mais on apperçoit avec la même facilité ce que ce pays ne fait pas pour l'Espagne,
et ce que l'Espagne ne saura pas faire pour
lui. Le succès de l'expédition d'Amélia ne fait
donc rien à l'Espagne. Si elle réussit, c'est un
membre ajouté à l'indépendance, mais destiné à
grossir la fédération américaine ; si elle échoue,
les Florides suivent le cours général de la révolution qui détachera l'Amérique de l'Espagne : elles retomberont dans la masse des possessions américaines du nord, que ce pays
est destiné à completter. La France, en vendant
la Louisiane aux Etats-Unis, avait indiqué à
l'Espagne ce qu'elle devait faire de ses Florides:
mais la France a bien pris son tems, au lieu
que l'Espagne a perdu le sien comme à l'ordinaire. Les Florides baissent de valeur tous les
jours, chaque accroissement de l'indépendance
leur en fait perdre une partie, et le territoire espagnol d'Amérique est à la hausse ou à la baisse,
suivant les degrés de probabilité du main-

tien de la puissance espagnole en Amérique.

Si, comme le bruit s'en est répandu, les Etats-Unis font l'acquisition des Florides, ce pays échappera par cette vente à la dépendance de l'Europe, ce qui est la continuation de la rupture des liens de l'Amérique avec l'Europe. Qu'elle arrive par une voie ou par une autre, qu'importe au fond de la question, et à la démonstration qui nous occupe ?

Un jeune homme précédé par un nom qui a eu quelque célébrité en Espagne, Mina, ose se proposer de completter la révolution du Mexique. Plusieurs réflexions se présentent à l'aspect de cette romanesque entreprise.

1°. Celle du changement qui montre le trône du roi d'Espagne au Mexique attaqué par ceux qui ont tout fait pour le relever en Espagne. Il y a loin de l'une à l'autre.

---

(1) Mina partit le 6 novembre 1816 de Saint-Domingue, avec trois cents hommes de toutes couleurs, portés sur quelques petits bâtimens, dont les deux plus forts, *le Calédonien* et *la Calipso*, n'étaient armés chacun que de douze canons. Le reste était destiné à porter les munitions et autres objets d'équipement.

2°. La nouvelle preuve de faiblesse que donne l'Espagne au Mexique, pour n'avoir pas étouffé dans son principe une entreprise qui n'avait qu'une poignée d'hommes pour soutien. Mina a attaqué le Mexique contre les Espagnols, ainsi que l'avait fait Cortez pour l'Espagne contre les Mexicains, avec une troupe bien disproportionnée en apparence à une pareille entreprise.

3°. Il est évident que l'entreprise de Mina était concertée avec les insurgens encore existans dans le Mexique. On s'attache à en dérober l'existence, à persuader qu'elle est une chimère; on se croit fort derrière des mensonges de gazettes et des illusions jetées dans le public; les faits sont là pour guider la croyance et ramener à la vérité. Depuis quelque tems les nouvelles de Madrid, à l'article du Mexique, suivent un cours contraire à toutes les autres : au lieu d'avancer, elles reculent : au lieu de suivre le présent et pour ainsi dire de descendre avec lui, elles remontent vers le passé. En continuant de procéder ainsi, il ne faut pas désespérer qu'elles ne remontent jusqu'à la découverte du Mexique.

Nous n'adopterons pas cette méthode, et pour nous régler dans cet examen, nous pensons qu'il est à propos de suivre la marche de Mina. Il débarque au lieu dit Soto de Marina, au centre de la province du Nouveau-Saint-Ander. Depuis eette époque, les nouvelles positives sur ses mouvemens ont manqué. Et voilà qu'au bout de quelques mois on le retrouve dans la partie du Mexique opposée à celle dans laquelle il a pris terre, dans la province de Guanaxatao, une des plus peuplées du Mexique, des plus riches en mines, des plus rapprochées de la capitale. Il y aura trouvé les insurgés avec lesquels il avait concerté son entreprise, et qu'il était venu chercher. Si l'audace de l'attaque est grande, la faiblesse qui lui a permis de se réaliser doit l'être aussi. Or, quand le combat est ainsi établi, et qu'on est aussi faible d'un côté qu'impunément audacieux de l'autre, le résultat de la lutte ne reste pas long-tems incertain. Pour parvenir à ses associés, Mina a eu à traverser une partie du Mexique dans une direction assez rapprochée du siége même du gouvernement, et il n'a pas été arrêté, écrasé dans sa marché! Ses forces totales ne dépassaient pas 1200 hommes. Comme les dix mille Grecs traversèrent les états du grand roi, Mina, bien plus faible, a traversé l'empire du souverain du Mexique pour aller se réunir à ses ennemis. Cela est bien fait pour donner une juste idée des forces dont l'Espagne peut disposer dans cette contrée. Cette méthode d'évaluation réduit à sa valeur réelle les publications repandues par des intéressés, et apprennent à s'en défier.

On a beaucoup parlé des succès du vice-roi Apodacha; on a fait sonner bien haut l'envoi de quelques millions à Cadix; on a voulu représenter le Mexique comme étant entièrement pacifié, et l'on a apporté en preuve l'ouverture des communications entre Mexico et la Vera-Crux. Sûrement il doit y avoir beaucoup à rabattre de tout cela. Que la route de la Vera-Cruz à la capitale ait par intervalles offert plus de sûreté, qu'est-ce que cela prouve, sinon un redoublement d'escortes et de précautions d'un côté, et de l'autre l'éloignement momentané des bandes dont la mobilité fait l'élément, et qui se portent tantôt dans une partie, tantôt dans une autre. On peut saisir un moment d'absence pour passer. Mais ce qui est vraiment inconcevable , c'est qu'une troupe aussi faible que celle de Mina ait pu traverser impunément une partie du Mexique sans payer d'une ruine totale une pareille témérité. On peut en conclure avec cette espèce de probabilité qui équivaut à la certitude, 1°. que les Espagnols sont là comme ils sont partout, c'est-à-dire, très-faibles ; 2°. que leurs forces sont occupées contre les insurgés qui restent encore dans le pays , et qui se tiennent dans ces parties d'un accès difficile, qui, au tems de la conquête , prêtèrent des asiles aux Indiens contre les vainqueurs : nouveau trait de ressemblance de l'époque actuelle avec celle-là ; l'empire espagnol au Mexique finissant comme il avait commencé.

Le vice-roi Apodacha a mérité des éloges pour la conduite qu'il a tenu dans le gouvernement du Mexique. La base de ces éloges est la plus solide et la plus honorable de tous ceux qui peuvent être accordés à un homme : le respect pour l'humanité. Loin de participer à la dure exaltation que trop d'autres chefs espagnols ont montré contre les malheureux

Américains, ce gouverneur a fait de la douceur la règle fondamentale de son administration. C'est à ce choix judicieux et humain que
l'on attribue les succès qu'il a obtenus. Pendant long-tems on a parlé d'un concours de
personnes qui venaient profiter de ses amnisties, et qui cédaient à la clémence ce qu'elles
auraient refusé à la force : nouvelle preuve
de la nécessité de s'attacher à ce système, à ne
le regarder même que sous le point de vue de
l'utilité : car si l'on obtient par la douceur ce
que l'on ne peut pas conquérir par la rigueur
même extrême ; si le vice-roi du Mexique a fait
par le retrait des sévices ce que Morillo n'a pu
exécuter par la prodigalité des rigueurs, la supériorité politique d'un système sur l'autre, et ce
n'est que sous ce rapport qu'il est permis de les
comparer, n'est que plus démontrée par cette
opposition dans le résultat des deux systèmes.

A cette déduction des actes divers que l'indépendance a faits pour son établissement,
joignons celle des actes dont elle a eu à se défendre : comme il y a attaque et défense, l'action est double ; il est juste d'en tenir compte,
pour pouvoir bien évaluer la situation véri-

+able et complète de la cause des indépendans.

1°. Ils ont un ennemi déclaré et actif : l'Espagne.

2°. Ils ont des ennemis d'intention , de volonté, mais inactifs : les chefs du gouvernement et les hautes classes qui les entourent.

3°, Ils ont des amis en très-grand nombre ,
mais sans activité directe ou générale : tous les
peuples , c'est-à-dire , tous les intérêts de l'Europe , et cela sous deux rapports que nous
développerons.

L'ennemi direct , l'Espagne , depuis six mois
n'a rien fait contre les indépendans ; elle avait
deux manières d'agir contre eux : par elle-
même, ou par les autres, conjointement ou bien
séparément. Pendant ce tems elle n'a pas ajouté
à ses forces d'Amérique ; tout ce qui a été fait
dans ce pays , provient de celles qu'elle y avait
envoyées précédemment : c'est la continuation
d'une action ancienne. Depuis on l'a vu réunir
des troupes expéditionnaires au lieu ordinaire
de ses embarquemens, à Cadix : on les a vues
s'en éloigner, et marcher contre le Portugal ;
quelques préparatifs ont été continués, mais il

n'y a rien eu de tenté sous les rapports militaires. Tel est encore l'état positif actuel.

Dans sa détresse personnelle, l'Espagne s'est adressée à l'Angleterre pour en obtenir une intervention armée. Celle-ci s'y est réfusée, en se bornant dans ces derniers tems à réaliser quelques chapitres de Vatel, sur l'observation du droit des gens, par la défense faite à tous les sujets anglais de passer au service des indépendans. Mais elle s'en est tenue là, ne voulant pas renoncer à l'article précieux pour elle : le commerce qu'elle entretient avec les territoires de l'indépendance. On ne verra pas l'Angleterre se fermer de gaîté de cœur un marché de 17,000,000 d'habitans, destinés à s'accroître tous les jours, à dépasser toutes les proportions connues ; quand même le gouvernement y consentirait, il ne le pourrait pas, bien plus il ne l'oserait pas : il sait trop bien qu'il se trouverait en présence d'une opposition générale dans la nation, qui, sur le chapitre élémentaire du commerce, n'entend à aucune composition, ni à aucune transaction.

L'Angleterre n'est point la seule porte à laquelle l'Espagne ait été frapper. Long-tems on a annoncé qu'elle allait trouver des vengeurs parmi les légions de la Russie : qu'elles s'ébranlaient en sa faveur, et que la faible insurrection de l'Amérique ne tiendrait pas long-tems contre ceux dont les bras avaient porté les premiers et les plus rudes coups à la puissance qui avait vu l'Europe fléchir devant elle. En effet, il était assez probable que si les armées qui sont venues à Paris, eussent été transportées en masse à Buénos-Ayres, à Lima, à Caraccas, à Mexico, que les indépendans n'eussent eu beaucoup à faire pour se défendre. Mais pour cela il fallait bien des choses que l'on ne paraît pas avoir suffisamment calculées.

1°. Les porter sur le terrein, en grand nombre, c'est bien long et bien cher : qui aurait payé ? car enfin on ne donne pas les armées pour rien. L'Espagne peut bien promettre de l'argent lorsqu'elle sera redevenue maîtresse en Amérique ; mais elle n'en a point du tout à donner en Europe, où elle n'a pas de finances proportionnées même à sa dépense ordinaire. Ces troupes seraient-elles transportées en petit nombre ? alors à quoi serviraient-elles ? Avant de faire des traités avec l'Espagne, relativement à l'Amérique, il fallait en avoir conclu un bien solide avec la fièvre jaune pour rester hors de ses atteintes. Comment aller exposer dans un climat brûlant, pour les faire fondre, pour ainsi dire, sous ses feux, des hommes tirés des contrées les plus froides de l'Europe? Après avoir essuyé les incommodités d'une longue traversée, n'arriveraient-ils pas mourans ou pour mourir? Quelle nécessité peut ainsi pousser à leur faire devancer leur heure et à les précipiter prématurément dans des tombeaux que la nature n'a pas faits pour eux? Est-ce donc que l'on craint qu'ils ne manquent chez eux, ou qu'ils leur fassent attendre trop long-tems leur proie?

Tout l'appareil de ces négociations faites avec secret et proclamées avec fracas, s'est résolu dans la cession de quelques vaisseaux de guerre qui se rendent à Cadix, pour y rester à la disposition de l'Espagne en remplacement du vide de ses propres arsenaux. Il y a loin de l'Espagne envoyant son invincible Armada pour conquérir l'Angleterre, à l'Espagne recevant de la Russie quelques vaisseaux pour l'aider à reconquérir l'Amérique. C'est à cela que s'est borné le secours annoncé de la part de la Russie.

Le prince éclairé qui la gouverne ne sacrifiera
pas ses peuples en l'honneur d'un chapitre sur
la légitimité des droits de l'Espagne au sceptre
de l'Amérique : de plus hautes pensées occu-
peront son esprit, s'il vient à s'occuper de ce
grand intérêt des sociétés humaines : la considération de la possibilité, de la justice générale, des droits de l'humanité, du bien que
son immense empire est appelé, en première
ligne, à retirer de la révolution américaine,
formeront les motifs de sa détermination, et
non pas des vues étroites, des maximes inap-
pliquables, et qu'on ne peut plus faire prévaloir qu'aux dépens de la société générale et
qu'en rouvrant les plaies de l'humanité.

La France n'a pas non plus intervenu dans
la querelle, se bornant au maintien des règles
de droit public établies en pareil cas.

L'Europe a donc gardé une neutralité de
fait entre l'Espagne et les indépendans ; par
conséquent la querelle reste entre la mère patrie et les colonies émancipées. Il y a plus, par
cette attitude inerte, l'Europe a donné assez
à connaître qu'elle s'abstiendrait de prendre
une part active, et cette déclaration résultant

d'un fait négatif, celui du refus d'une participation active, équivaut à une déclaration positive, et porte aux indépendans un immense accroissement de forces, par-là même qu'ils ont acquis la certitude de n'avoir à faire qu'à l'Espagne. Ils pouvaient craindre de voir étendre le cercle des inimitiés et des attaques : c'était là leur grand danger ; il s'est évanoui : l'Espagne reste seule vis-à-vis eux. Ils se sont mesurés avec elle, et ce qui n'a pu les intimider au moment de la faiblesse, qui est le début, à plus forte raison ne présente rien d'effrayant avec des forces éprouvées et des antécédens de supériorité.

En revenant sur cette déduction, on trouve que l'indépendance s'est accrue tant par elle-même que par des circonstances particulières et extérieures qui lui prêtent beaucoup de force ; indiquons-les sommairement.

Le gouvernement de Buéros-Ayres s'est affermi, ses armées se sont augmentées, aguerries ; elles ont completté la conquête du Chili ; elles ont repoussé l'armée du Pérou ; elles se disposent à l'envahir. Avoir eu du tems, est pour Buéros-Ayres un avantage inappréciable :

dans ces sortes d'affaires le tems est tout; quand on n'est pas étouffé dans le berceau, quand on a le loisir de s'établir, de s'organiser, d'acquérir ce qui constitue les gouvernemens réguliers, alors on voit ses forces s'accroître tous les jours, on acquiert les moyens de résister, on finit par s'élever au-dessus de la crainte des attaques. C'est ce qui est arrivé à Buénos-Ayres. Aujourd'hui cette métropole de l'indépendance de l'Amérique méridionale est inattaquable ; son gouvernement est organisé, il conquiert, il ne craint plus d'être conquis; il a tout ce qu'ont tous les gouvernemens réguliers : des lois, des armes, des finances, un grand centre d'administration et d'influence ; qu'ont de plus les autres gouvernemens ? Depuis six mois les progrès de Buénos-Ayres ont été immenses, et par-là même que cet état n'a pas été ébranlé, il est devenu inébranlable. La cause des indépendans a pris évidemment le dessus dans le pays de Vénézuéla ; ils ont acquis presque tout le territoire qui compose la capitainerie générale de Caraccas. Les Espagnols sont relégués sur les côtes, dans quelques points isolés, dépourvus des moyens de

subsistances et des ressources que la possession des plaines offre à leurs ennemis, pour se
pourvoir de bétail et de chevaux. Les recru-
temens des Espagnols se font au loin, et doivent, pour la plus grande partie, venir d'Europe; ceux des indépendans se font sur les
lieux; ceux-ci sont acclimatés, ceux là ne le
sont pas, et cette différence est immense.

Bolivar, en s'établissant dans l'intérieur des
terres, sur les bords de l'Orénoque, dans un
territoire purgé d'ennemis, a très-habilement
transporté le siége du gouvernement dans un
pays qui est à l'abri des incursions de l'ennemi. Jusqu'à ce jour ce gouvernement, fixé à
Caraccas, dans un lieu exposé à tous les événemens de la guerre, ouvert à toutes les incursions, n'avait pas pu prendre racine; son
instabilité a tenu en grande partie à la situation de la capitale; rien n'est plus essentiel
pour les gouvernemens que le choix de leur
résidence : ils ont besoin d'avoir une assiette
fixe; il faut qu'autour d'eux tout y contribue,
et retrace cette fixité si nécessaire. Un gouvernement que l'on voit forcé à changer souvent
de demeure, n'inspire ni confiance ni consi-

dération. Celui de Vénézuéla avait subi cet inconvénient dans son ancien séjour , il s'en est
mis à l'abri dans le nouveau.

Les Espagnols resteront encore pendant
quelque tems les maîtres de Carthagène, de
Porto-Cabello, et de quelques points fortifiés sur la côte et dans l'intérieur. Pour ceux-
ci , il est bien évident que, séparés des forces
espagnoles, ils tomberont sans combats , et
par l'effet de simples blocus, au pouvoir des
indépendans, auxquels ensuite il ne sera pas
facile de les arracher ; ainsi l'on ne peut douter
que l'éloignement prolongé de Morillo ne gé-
néralise dans le royaume de la Nouvelle-Grenade l'insurrection qui s'y était dejà mani-
festée dans les tems antérieurs , et qui s'est toujours soutenue dans quelqu'une de ses parties.
Après la prise de Carthagène, Morillo marcha
à Santa-Fé de Bogota , capitale de cette contrée. Il la rendit à l'Espagne; les indépendans
fuirent : dans ces derniers tems, on a annoncé
leur retour. Comment douter qu'ils ne pro-
fitent de l'absence de Morillo , et des obstacles mis à son retour ? La première conquête de Morillo dans Vénézuéla, dans la

Nouvelle-Grenade, présenta de bien moins grandes difficultés que ne le ferait la seconde : alors les forces de l'Espagne étaient fraîches, celles des indépendans s'essayaient : aujourd'hui c'est tout le contraire : l'Espagne est épuisée, et les indépendans se sont fortifiés. L'Espagne est dans la cruelle nécessité de recommencer tout ce qu'elle a fait depuis quatre ans dans ce pays contre un ennemi devenu plus fort, plus aguerri, et pour combler la mesure de ses maux, dans des lieux moins pourvus de ressources.

L'attaque du Mexique par Mina est encore un accroissement fort important pour les indépendans; car elle partage les forces de l'Esgne, elle étend la plaie de cette monarchie en Amérique, elle multiplie les chances et les probabilités de son expulsion, et par-là même, contribue beaucoup à ébranler son empire.

La défense de l'île de la Marguerite a donné lieu à un beau triomphe pour l'indépendance : cet événement, qui en lui-même est peu de chose, devient fort important, comme exemple de ce que peuvent faire les uns, et comme leçon aux autres pour ce qu'ils doivent faire.

(53)

Le corsairage s'est étendu ; il s'est comme
régularisé ; il est faux qu'il se soit attaché aux
navires de toutes les nations : les calomniateurs
habituels et intéressés des indépendans ont
créé contre eux cette fiction mensongère. Le
corsairage a eu le double effet d'appauvrir
l'Espagne et d'enrichir ses ennemis. Le commerce espagnol, désolé par lui, n'a plus rien à
fournir aux finances de l'état. C'est une guerre
très-active et très-fructueuse, que celle qu'ils
font au profit de l'indépendance ; en ayant l'air
de ne travailler que pour s'enrichir eux-mêmes,
ils dotent l'indépendance de tout ce qu'ils ôtent
à l'Espagne, et c'est très-bien servir la première,
que d'appauvrir la seconde. Ces nouveaux
flibustiers ne seront pas moins funestes à l'Espagne que ne le furent les premiers.

La prolongation de la lutte a familiarisé
l'opinion avec les diverses chances de ce grand
débat. Dès que l'on n'a pas vu l'indépendance
réprimée, on a pu croire qu'elle ne le serait
pas ; par un progrès naturel à l'esprit humain,
on a passé promptement à désirer qu'elle triom-
phât, et de là on a travaillé pour la faire triom-
pher. Un grand nombre d'Européens, parti-

culièrement des militaires, se sont jetés dans cette carrière. Fatigués d'un long désœuvrement, effrayés de la perspective d'une éternelle oisiveté, leur courage s'en est indigné ; leur imagination, s'élançant au-delà d'un horison borné, a paré de toutes les couleurs qu'elle sait si bien employer, la carrière sans limites qu'ouvrait l'Amérique : elle est devenue l'objet des vœux et le but de l'ambition d'une foule d'hommes ; ils ont réduit les gouvernemens à s'occuper du soin de réprimer leur essor, et l'on a vu les appuis ordinaires des lois, en guerre ouverte ou cachée avec elles, pour franchir les barrières qu'elles opposent à leur ardeur. Les indépendans ont reçu et recevront encore un grand nombre de militaires de tous grades et de toutes les nations, empressés de leur offrir leurs talens et leurs bras, en échange de la gloire et de la fortune que promettent l'affranchissement et les mines de l'Amérique.

Ce mélange, on pourrait dire cette infusion des Européens au milieu des Américains, donnera un tour nouveau et plus régulier à cette grande affaire, et la dirigera davantage dans les intérêts de l'Europe. Sous ce rapport, cette émigration est un bienfait pour l'Europe , qui n'a pas besoin de l'indépendance de l'Amérique pour la liberté seule de l'Amérique, mais pour que cette liberté étende parmi elle le goût des productions de l'Europe.

En réunissant toutes les parties de ce tableau, il en résulte que l'indépendance a fait, pendant cet espace de tems, des progrès très-sensibles , destinés eux-mêmes à devenir leprincipe de progrès nouveaux. Ils sont dans la nature des choses ; car, dans ces espèces de carrières, tout se tient ; l'événement du jour devient le principe de celui du lendemain. Il y a un but fixe vers lequel on ne cesse point de tendre : aussi les actes de cette nature ont-ils une continuité, une persévérance que l'on ne retrouve pointdans ceux qui sont le simple produit des spéculations ordinaires de la politique.

En examinant le point d'où l'indépendance américaine est partie, les moyens dont elle disposait alors, les différentes phases qu'elle a déjà parcourues, et en les comparant avec l'état actuel, il est bien facile de juger, par les progrès acquis, des progrès qu'elle acquerra, et du résultat auquel elle ne peut manquer d'atteindre dans un très-court espace de tems. Cette méthode est la plus sûre de toutes pour en bien juger, et c'est elle aussi qui va nous servir de guide dans l'examen auquel nous allons continuer de nous livrer.

Il est un point fixe d'où il faut partir; c'est que désormais le combat est borné entre l'Espagne et les indépendans. Tout espoir d'attirer des auxiliaires dans son parti lui est interdit. La Russie a livré quelques vaisseaux sans soldats; mais des vaisseaux sans soldats ne sont pas fort dangereux pour l'Amérique, ni très-profitables pour l'Espagne. A quelque prix qu'elle ait fait cette acquisition, ils seront toujours assez payés. De ce côté, il n'y a plus rien à attendre.

L'Angleterre a jeté son feu dans ses ordres prohibitifs contre le passage des militaires en Amérique. Si le gouvernement voit l'indépendance de mauvais œil, le peuple, là comme partout, la considère autrement, et fait des vœux pour elle. On le sait, et dans ce pays, où l'opinion est comptée, on se le tient pour dit. Il n'y a qu'à jeter un regard sur l'état de la France pour juger de la part qu'elle est disposée à prendre dans cette querelle. Si l'essor

de la nation était libre, nul doute qu'elle ne
vouât à la cause de l'indépendance américaine
les mêmes services que son gouvernement
accorda à la cause de l'Amériqne anglaise. On
a voulu l'en détourner en excipant des suites
de ce premier acte ; on a cherché à mêler des
regrets au souvenir de la coopération qu'elle
fit trouver aux Etats-Unis , à l'effrayer par le
spectacle des suites que l'on se plaît à supposer
à sa résolution d'alors. Rien ne serait plus facile que de démontrer la vanité de ces terreurs,
l'illusion de ces prétextes, la différence des
positions, et la grandeur des intérêts qui doivent inspirer à la France des vœux pour la plus
prompte et la plus complète réussite de l'indépendance américaine ; mais il ne s'agit point
de cela , mais seulement d'un fait. La France
peut-elle et veut-elle intervenir dans la querelle entre l'Espagne et l'Amérique ? Elle répond de toutes les circonstances qui la pres-
sent : Non.

La Prusse, l'Autriche et l'Allemagne n'ont
aucune direction , aucune affinité avec ou vers
cette affaire ; la Suède et le Danemarck y sont
aussi étrangers que peuvent l'être Hambourg

et Lubec. Tous ces pays entrent, par le commerce, en partage des bénéfices que l'indépendance fait trouver au monde commerçant ;
ils attendent ceux bien plus grands encore que
son succès complet promet à tout le monde.

Le royaume des Pays-Bas ne peut pas avoir
une direction différente de celle de l'Angleterre.
La coopération directe serait sujette à donner
de la jalousie à d'autres puissances qui pourraient craindre des cessions de territoire, ou
d'avantages commerciaux susceptibles de leur
devenir préjudiciables. Ainsi on a parlé de la
cession à la Russie de l'île de Minorque ou de
quelque côte fort étendue en Amérique. Autant aurait valu dire que la guerre était déclarée
entre elle et l'Angleterre. La France aurait
aussi eu quelque chose à voir à un établissement formé dans la Méditerranée ; les conséquences de cet arrangement étaient immenses.
L'Espagne reste donc seule sur le champ de
bataille avec ses adversaires.

Cherchons ce qu'elle peut faire soit directement, soit indirectement.

Il paraît que, perdant l'espoir de coopé-
rations directes, elle cherche du moins à affai-

blir ses ennemis en leur faisant interdire les transports d'attirails militaires dont ils manquent chez eux, ainsi qu'en faisant prohiber l'entrée à leur service des militaires que la paix laisse sans emploi. Cette espèce de blocus ne peut être ni bien efficace, ni bien rigoureux.

En calculant les intérêts qu'il contrarie, l'espace immense qu'il embrasse, la multitude des déguisemens auxquels prêtent la cupidité et la multiplicité des pavillons qui couvrent les mers, on voit que toutes ces prohibitions ont plus pour objet une espèce d'hommage rendu au droit public, qu'un espoir d'efficacité réelle. Comment, en effet, opposer une barrière capable de le contenir à celui qui est bien résolu de la franchir? Ajoutez à la prime d'assurance, et voilà tous les obstacles levés. Les prohibitions serviront des entrepreneurs particuliers, mais point du tout l'Espagne. La poudre et les boulets coûteront un peu plus cher aux indépendans, mais ils n'en auront pas un de moins. L'Européen militaire ou civil qui sent vivement le besoin d'une diversion à son oisiveté, et celui d'un emploi à ses talens, ne manquera pas de moyens d'atteindre aux lieux où il espère réaliser les occupations de son esprit, ou les illusions d'un long espoir. D'ailleurs de pareilles lois ne valent que par la manière dont elles sont exécutées. S'il est bien certain que la fraude, avec ses ruses et ses masques, va s'attacher à frustrer ces mesures de leurs effets, il peut aussi être permis de soupçonner que de grandes rigueurs ne seront pas mises au service de ce que la décence publique a commandé de ne point refuser. Cette manière indirecte d'attaquer l'indépendance ne sera donc pas d'une très-grande efficacité en faveur de l'Espagne ; la guerre directe, hélas ! n'avancera pas davantage ses affaires.

De quelle nature peut être cette guerre? En vérité, on n'y aperçoit rien que la raison puisse avouer, parce quelle ne présente rien qui porte avec soi les espèces de probabilités qui résultent d'une chose calculée et réfléchie. Au contraire, toutes les règles du jugement, toutes celles par lesquelles on peut évaluer les actes humains, lui sont contraires. Cette guerre ne montre pas une seule chance en faveur de l'Espagne.

Déjà, dans l'ouvrage sur les colonies, nous avons examiné si l'Espagne pouvait reconquérir et garder ses Amériques, après cette

nouvelle conquête, et chaque partie de cet examen avait amené une conclusion directement
contraire à cette tentative. Tout ce que l'on indiquait à cette époque a trouvé dans les faits
sa pleine et entière confirmation; car tout ce
que l'Espagne a essayé a tourné contre elle,
tout ce qu'ont entrepris ses ennemis a réussi;
ils ont grandi autant qu'elle s'est affaiblie; elle
doit recommencer la guerre sur de nouveaux
frais, et contre un ennemi plus fort. Ces considérations générales suffiraient seules pour décider la question et montrer ce que l'avenir
produira. Mais nous ne nous contenterons point
de cette facile victoire ; une question de cette
nature est trop importante pour négliger d'en
éclaircir toutes les parties. Souvent on affaiblit
une cause en accordant trop à la confiance
qu'inspire sa bonté.

La guerre de l'Amérique est à la fois maritime, commerciale et continentale. Il faut des
vaisseaux pour transporter les troupes d'Europe en Amérique, de Cadix à Lima, à Buénos-Ayres, à Caraccas, à la Véra-Cruz ; il en
faut encore pour croiser sur les côtes devenues
ennemies : de plus, il en faut pour convoyer
les produits dont les colonies peuvent encore

faire part à la métropole. Pendant ce tems, les négocians sont ruinés, et l'état ne reçoit rien. Un pareil ordre de choses est, comme on voit, une double source de ruine : on dépense plus, on reçoit moins : ce n'est pas le moyen, de se retrouver. L'Espagne n'a plus de finances ; elles sont abîmées. Ses revenus même sont en question; car le nouveau plan proposé pour ses finances reste suspendu entre les besoins de l'état et les oppositions patriotiques dont les grands et le clergé ont donné l'exemple. Le papier d'Espagne perd 78 pour 100, et continuera de baisser. Dans cet état de dénuement, que peut faire ce gouvernement, qui ait quelque efficacité contre l'Amérique ? La guerre n'est-elle pas finie par l'impuissance même de la continuer ? On aperçoit là un combat fini faute de combattans. Mais enfin, puisque l'Espagne s'obstine à le continuer, voyons où et comment elle peut encore agir.

Une flotte russe arrive dans ses ports. Ce sera à l'Espagne à fournir les équipages. Ceux de Russie doivent retourne rdans leur pays. Elle ne peut cingler vers l'Amérique avant le mois de mai. Il y aura bien des choses changées jusque-là.

L'envoi d'une flotte attirée de si loin, annonce l'existence d'un grand projet ; et il est bien apparent qu'effectivement il a existé un plan très-étendu, formé sur des bases qui depuis auront manqué. On avait compté sur des auxiliaires auxquels on aurait joint des troupes espagnoles : avec cela, on se flattait de dissiper facilement les indépendans. Maintenant l'Espagne a des vaisseaux, mais pas un bataillon de plus. Elle est réduite à ses propres forces. Or, que sont celles-ci ? En quoi consiste l'armée d'Espagne qu'il faut partager en deux services, celui de l'intérieur de l'Espagne, et celui des colonies ? Que peut-on distraire du premier dans l'état où le roi lui-même vient de nous le peindre ? (1) Où sont les trésors qu'exigent ces espèces d'expéditions ? Combien embarquera-t-on d'hommes ? combien en arrivera-t-il en en état de service ? Il n'y a rien de si commun que d'entendre parler d'expéditions, de voir s'en promettre et annoncer à l'avance les plus glorieux succès ; une analyse bien simple apprend à rabattre de ces espérances.

____

(1) Voyez le préambule de l'édit du roi d'Espagne sur le recrutement de son armée.

On ne croit pas exagérer en calculant qu'un corps de mille hommes, destiné à être embarqué pour l'Amérique, offrira trois cents déserteurs avant l'embarquement, et deux cents malades en arrivant, de manière à réduire à cinq cents les hommes en état de service. Ainsi, il faut dédoubler, pour le service actif, tout armement venu d'Espagne. Les préparatifs et les soins d'embarquement usités en Espagne ne doivent pas être calculés comme pourraient l'être ceux d'Angleterre ou de France. D'un côté, rapidité, prévoyance, abondance, bonne qualité de tous les objets d'expédition; et de l'autre, lenteur, négligence, pénurie, approvisionmens défectueux : tous ces inconvéniens nuisent beaucoup au succès de toute entreprise de l'Espagne dans laquelle la marine est pour quelque chose. Si on lui accorde de pouvoir élever son expédition à un envoi de dix mille hommes, il en arrivera sept à huit mille en état d'agir. Mais que sont huit mille hommes pour un aussi grand pays que l'Amérique? Qu'y feront-ils? Se tiennent-ils sur le même point? tous les autres restent à l'indépendance. Se divisent-ils? ils sont comme perdus sur cet immense territoire. Que feront deux mille hommes à Caraccas, deux mille à Mexico, deux mille à Buénos-Ayres, deux mille au Chili, au Pérou? Ce sont autant d'hommes perdus ou sacrifiés, voués à l'inutilité ou à la mort. Que sont devenus ceux qui les ont précédés, et dont on attendait de si belles choses? Au contraire, l'expédition se cencentre-t-elle sur un point? elle y attire toutes les forces de l'ennemi : elle ruine ce point, ou bien l'ennemi ruine tout autour de lui, pour l'empêcher d'en profiter ou de s'en écarter. Par suite de ce conflit, le pays peut rester pendant des siècles ruiné et inutile pour tout le monde : c'était bien la peine d'y venir!

On peut supposer que l'Espagne fera une des deux choses suivantes :

1°. L'Espagne, reconnaissant l'impossibilité d'agir à la fois sur toutes les parties occupées par les indépendans, ferait un choix parmi elles, et y concentrerait ses forces; par exemple, elle les porterait au Mexique, comme étant la plus fructueuse de ses colonies, et celle qui a le moins souffert soit de l'esprit, soit de la guerre de l'indépendance; elle conserverait la Havane, Porto-Ricco, Saint-Domingue, avec

des points fortifiés sur les côtes , tels que Carthagène , Porto-Cabello et d'autres.

2°. Ses vaisseaux, plus forts que ceux des indépendans , bloqueraient leurs côtes, leur in-
terdiraient le commerce, et leur feraient éprouver toutes les rigueurs de la vengeance de la
métropole, dans tous les points où elle pourrait les atteindre.

De tous les plans que l'Espagne peut embras-
ser, celui-ci est le moins déraisonnable. On a
indiqué le Mexique comme méritant la préférence sur toutes les possessions espagnoles, et
tout porte à croire que dans cette supposition
il fixerait le choix de l'Espagne ; c'est lui qui
soutient une partie des autres colonies espagnoles, dont la dépense surpasse beaucoup le
revenu.

Le premier effet de ce plan serait l'abandon
de toute l'Amérique méridionale. L'un ou l'autre est forcé ; car l'Espagne ne suffit pas pour
garder à la fois les deux Amériques. Il faut
qu'elle fasse son choix entre elles. Par-là l'affranchissement de la moitié des contrées américaines serait assuré, et cela par le seul défaut
de contestation. Ce serait déjà un immense ré-

sultat. Passons maintenant à l'examen du plan de conservation partielle.

Il exigerait l'envoi annuel de nouvelles troupes en Amérique ; car il faudrait 1°. tenir au complet les garnisons laissées dans les points fortifiés que les Espagnols se seraient réservés ; 2°. continuer de combattre les indépendans du pays, et ceux venus des pays abandonnés à l'indépendance : et c'est cette dernière considération qui mérite la plus sérieuse attention, et qui met dans tout son jour la vanité de ce plan. Le malheur de presque tous les hommes, dans la formation de leurs plans, et lorsqu'ils ont à combattre un ennemi, c'est de lui prêter leurs propres idées, et de croire qu'il ne fera que ce qu'il leur convient qu'il fasse. C'est une des plus fatales illusions auxquelles on puisse s'abandonner en affaires. C'est une de celles qui ont le plus contribué à la perte de Napoléon. Il adaptait toujours les plans de ses ennemis aux siens propres; il faisait leur thème pour lui-même, et le dirigeant toujours dans le sens le plus favorable à son succès, il se refusait opiniâtrement à croire qu'on pût en adopter un autre. Ici, il en serait de même pour les Espagnols;

en prétendant se concentrer sur un point pour n'avoir affaire qu'aux ennemis qu'ils supposeraient devoir y être seuls, ils n'en auraient pas moins à combattre ceux des autres parties de l'Amérique qu'ils auraient abandonnées à ellemêmes. Cela résulte du plan total de libération embrassé par l'Amérique , et résolu dans ses conseils. Par lui, la partie délivrée devient l'auxiliaire, et comme le soldat de celle qui ne l'est pas encore. Il lui importe qu'elle le soit pour qu'elle-même ne soit pas troublée : sur cet article, il ne peut y avoir ni composition ni partage; il faut s'en tenir assuré. Buénos-Ayres en fournit la démonstration par ses deux attaques sur le Chili et le Pérou; elle fait servir le premier à l'affranchissement du second; elle les emploiera tous les deux à l'affranchissement du royaume de la Nouvelle-Grenade; Vénézuéla ayant prévalu, achèvera la délivrance du royaume de Terre-Ferme , et tous ensemble contribueront à celle du Mexique. Le simple bon sens leur montre ce *crescendo* d'action et de secours réciproque comme le seul moyen de conservation et de sécurité communes. Est-ce que l'Amérique méridionale pourrait se croire en sûreté contre l'Espagne, tant que celle-ci resterait en possession d'un empire tel que le Mexique, d'où la première aurait la facilité de fondre sur elle, de l'attaquer par surprise, de ménager des intrigues dans son sein, et de la molester de mille manières? Banissons toute illusion, laissons là les *mezzo termine;* ces petits calculs ne sont propres qu'à tout perdre dans les affaires de cette nature. Il n'y a pas plus de milieu pour l'Amérique que pour l'Espagne : toute l'Amérique, ou point d'Amérique; des deux côtés, si l'on n'a pas tout, l'on n'a rien. Si ce n'est pas ainsi que l'Espagne raisonne, ses ennemis lui apprendront que c'est ainsi qu'il fallait raisonner ; elle retrouvera au Mexique les phalanges qui l'auront chassée de l'Amérique méridionale, ou bien auxquelles elle l'aura abandonnée. Elle aura cru s'en débarrasser à ce prix : eh bien ! elle n'y aura rien gagné; elles la poursuivront partout où elles pourront l'atteindre, partout où elle se montrera sur un sol dont elles veulent absolument la bannir, et rester seules maîtresses. Les commodes maximes de faire la part au feu ne trouveront point là leur application. L'Espagne ne sera pas la maîtresse de l'assigner ; ses ennemis en décideront encore plus qu'elle, et ce n'est point d'une part plus ou moins grande qu'ils se contenteront. L'extinction entière et la disparition des matériaux propres à l'entretenir, à le rallumer, pourront seules les satisfaire. Ce calcul ressemble à ceux qu'on faisait en Europe sur la révolution. Long-tems on n'y parut occupé que de déterminer jusqu'où on la laisserait aller, et quel serait le point auquel on l'arrêterait. Il fallut bientôt chercher d'autres calculs, et Dieu sait ce qu'il fût arrivé sans une multitude d'incidens qu'il est inutile d'examiner, parce qu'ils sont assez connus. Il en sera de même en Amérique ; on y pense, on y vit en Américain ; on y rapporte tout à l'Amérique. Un dialogue entre un Américain et un Européen aurait l'air de partir de deux poles opposés, tant ils manqueraient de points de contact. N'y a t-il pas aussi quelque simplicité à supposer qu'un Américain pense et parle en Européen ? C'est comme si l'on disait que les Européens font de même à l'égard de l'Amérique ; les Européens ont dominé si long-tems les Américains, ils se sont tellement accoutumés à penser et à parler pour eux, qu'ils ne peuvent pas se résoudre à en perdre l'habitude ni à se persuader que le tour des Américains est arrivé pour exister par eux-mêmes.

Ainsi l'Espagne, en concentrant ses forces sur une partie de ses possessions américaines, n'obtiendrait pas le résultat qu'elle se serait proposé ; elle s'y trouverait condamnée à la continuation de la guerre avec toute l'Amérique ; elle ruinerait le pays sans espoir de le conserver ; elle le perdrait pour son commerce, en même tems qu'elle le perdrait pour sa souveraineté ; tel serait le résultat inévitable d'un pareil plan. Il faut y ajouter 1°. que l'équipement et l'entretien d'une flotte en croisière sur les côtes de l'Amérique, coûterait fort cher à l'Espagne ; 2°. que les ennemis se fortifiant aussi sur mer, finirait par l'en chasser, comme ils auraient fait sur terre. Si l'on veut voir le tems des flibustiers se renouveler, il n'y a qu'à prolonger cette guerre maritime ; bientôt l'on retrouvera de ces hommes dont le courage se joue des difficultés, dépasse les facultés communes à l'humanité, et qui terrassent leurs ennemis par la nouveauté de leur audace et par les écarts de leur génie entreprenant. Dans

un an , dans deux ans , l'Amérique méridionale aura des vaisseaux et des marins supérieurs
à tout ce dont l'Espagne peut disposer. Il y a
deux ou trois ans qu'on connaissait à peine
les pavillons américains, aujourd'hui les mers en
sont couvertes. Les progrès dans un ordre plus
relevé suivront le même cours 1). Et pendant
ce tems que deviendrait le commerce espagnol ?
En proie à des essaims de corsaires , il dispa-
raîtrait de dessus les mers ; il se dessécherait
à Cadix , à Barcelonne , à Bilbao ; il laisserait
sans ressources le trésor de Madrid. Pendant cette longue interruption des relations
directes de l'Amérique avec l'Espagne , d'autres liens et d'autres goûts se seraient formés
chez la première. L'Angleterre, qui retient chez
elle ses militaires, laisse pleine liberté à ses
marchands d'aller s'établir en Amérique; elle
refuse des épées aux indépendans , mais elle
n'interdit point à ses facteurs d'aller étaler à
leurs yeux les produits rians et variés que mul-
tiplient ses infatigables ateliers ; elle va solli-

____

(1) Les indépendans possèdent , depuis quelques
mois, des vaisseaux de haut bord et des frégates.

citer les goûts des Américains, les avertir de jouissances inconnues d'eux, consulter leurs penchans, et fonder sur leur sol un nouvel empire commercial semblable à ceux dont elle a, pour son utilité propre, multiplié les tributaires dans toutes les parties du monde. Et ce n'est encore là que la plus petite partie des dangers que ferait courir à l'Espagne l'opiniâtreté de ses attaques. S'il plaisait aux indépendans de placer leurs représailles dans une interdiction formelle du commerce, pour tous les produits de l'Espagne, quelle plaie cruelle pour celle-ci ! qu'elle aurait long-tems à saigner ! Qu'aurait-elle gagné à vouloir conserver l'Amérique malgré elle, à l'avoir harcelée, molestée par des actes qui attestent à la fois son impuissance, et sa mauvaise volonté? Elle aurait rencontré la ruine dans la route par laquelle elle prétendait arriver à la richesse. Cela apprend aux métropoles qu'elles sont quelquefois plus dépendantes de leurs colonies, que leurs colonies ne le sont d'elles, parce que celles-ci, lorsqu'elles sont fortes, peuvent priver les métropoles des bénéfices de leur commerce, et les transporter aux étrangers avec lesquels elles trouvent toujours de l'avantage à commercer. Mais il ne faut pas se borner à examiner cette question sous les seuls rapports des intentions de l'Espagne; il faut, de plus, rechercher quelles sont ses facultés, et ce qu'elle peut faire pour les remplir. Eh bien, il est évident que l'Espagne ne peut disposer d'aucun moyen correspondant à un plan tel que celui de la conservation, même partielle, de l'Amérique. Cette monarchie est arrivée à un degré de délabrement qui lui interdit toute action longue et dispendieuse. Elle tirait ses plus grandes ressources de l'Amérique. Il faut la reconquérir. Au lieu de rendre, elle coûte. L'Espagne ressemble à un propriétaire qui poursuivrait un procès pour rentrer dans la terre qui le nourrissait. Avec quoi en payerait-il les frais? La guerre de la péninsule a beaucoup nui matériellement à l'Espagne. La déperdition de toute espèce a été immense. La direction imprimée depuis quatre ans a eu les plus funestes résultats. Un brigandage affreux désole l'intérieur de l'Espagne; il va jusqu'à affronter les sentinelles qui veillent aux portes de la capitale. La nation est partagée entre trois parties qui n'ont rien de commun ensemble. Les grands et le clergé sans patriotisme, le peuple sans lumières, et les classes intermédiaires sans attachement ni considération pour un ordre de choses qui contrarie leurs affections, leurs idées et leur espoir. Comme on voit, l'état manque de ciment. En Espagne, les classes intermédiaires sont très-nombreuses, très-éclairées, très-patriotiques, comme très-éloignées d'un ordre de priviléges et de routine tel que celui qui constitue la manière d'être de la nation et du gouvernement. Les grands font effort pour retenir leur prééminence de tous les tems ; le peuple, dans sa brutale ignorance, ne connaît que le pouvoir absolu ; les classes intermédiaires, élevées au niveau de celles de toutes les autres contrées de l'Europe, aspirent après un ordre régulier et conforme à l'état moderne des nations européennes. Le souverain flotte entre ces contradictions, entre des partis opposés, passant de l'un à l'autre, du chanoine Escoiquiz à M. de Garay, aussi peu riche avec l'un qu'avec l'autre, mais toujours également hors d'état de se fixer sur un sol qui lui-même n'est pas fixé. Il est bien évident que dans cet état toute guerre suivie avec l'Amérique n'a plus de possibilité ni même d'objet, et qu'elle ne peut plus entraîner que des suites plus funestes de jour en jour. Conquérir l'Amérique, lorsqu'on n'est pas même organisé en Espagne, lorsqu'on y manque de tout !

L'Espagne a certainement eu le projet de faire une forte tentative sur l'Amérique. C'est pour cette fin qu'elle a fait l'acquisition d'une flotte russe. Mais son état a tellement empiré depuis l'adoption de ce plan, mais les changemens survenus en Amérique sont si grands, que ce qui pouvait convenir alors, n'aurait aucune efficacité dans ces nouvelles conjonctures. Telle est la cruelle position de ceux qui ont à agir sur un théâtre éloigné, très-vaste et très-mobile. Sa face change continuellement; on se prépare pour un objet, il a disparu, il est changé; pour un plan, il en faut un autre; contre un ennemi, il y en a deux; contre un adversaire encore faible, il est devenu fort. On l'a déjà dit, pour que l'Espagne pût retirer quelques fruits de ses armemens, il faudrait qu'elle en eût toujours trois à sa disposition, le premier

en Amérique, le second en chemin de Cadix
en Amérique, et le troisième sous voiles dans le
port, pour pouvoir se porter partout où le besoin l'appellerait. Hors de là, il n'y a que ruine
et incertitude. On ne peut pas se persuader que
l'Espagne ait le but direct de renoncer à jamais au commerce, c'est-à-dire aux profits de
l'Amérique, même après en avoir perdu la souveraineté. Elle doit songer qu'après la guerre,
viendra nécessairement la paix, c'est-à-dire le
rétablissement des relations commerciales. Or
à quoi se réduiront ces relations, si elle commence par ruiner le pays? A quoi lui serviront
ses efforts pour s'assurer des fruits de l'Amérique, si elle commence par en détruire les germes pour des siècles. Lorsqu'on voit ses agens,
aussi aveugles que féroces, ne considérer l'A-
mérique que comme une matière à détruire,
vouée à l'extermination, on se demande où ils
prétendent aboutir avec ces fureurs insensées.
Entre un propriétaire qui cesserait de s'occuper de son bien, et celui qui, pour le retenir, le
détruirait méthodiquement, quel serait le plus
sage et le plus éclairé, au moins quant au profit? De plus, si l'abandon qui produirait la con-

servation de l'objet était destiné par elle à devenir la source de grands produits, ne serait-il pas un acte fort bien entendu, tandis que la destruction supposée dans un autre cas, emportant avec elle la stérilité, et la privation qui en est toujours la suite nécessaire, serait une perte sans aucun espoir de réparation. Or, voilà précisément ce que ferait l'Espagne, et ce qu'elle a déjà fait par la prolongation de la guerre d'Amérique. En brûlant les villes, en massacrant leurs habitans, en dévastant les champs, que fait-elle en dernier résultat, sinon retarder l'Amérique de quelques siècles, et par conséquent ruiner son propre commerce qui n'aura rien à porter à des terres désolées, ni rien non plus à en recevoir? Si, au lieu de leur infliger tous ces maux, portant ses vues plus loin et songeant aux besoins à venir de son commerce, elle épargnait la ruine à l'Amérique, ce serait pour elle-même, autant que pour son ennemi, qu'elle aurait travaillé; ce seraient de bien précieuses ressources qu'elle se serait ménagées. C'est une singulière manière d'envisager la propriété que de ne la considérer que du côté du droit, en mettant à part celui de l'utilité. Si quelques-uns disent que puisque l'Espagne ne peut plus garder l'Amérique, il ne lui reste qu'à perdre ce qui lui échappe, et que le soin de sa vengeance lui donne tous les droits contre des rebelles , nous répondrons que cette logique peut trouver place dans quelque *pandœmonium*, mais qu'elle ne sera jamais à l'usage d'êtres dont l'esprit est guidé par le flambeau de la raison, et dont le cœur renferme des fibres sensibles et des sentimens humains. Il serait bien tems de se persuader qu'il est question d'hommes agissant sur d'autres hommes, leurs semblables, et que les torturés sont de la même nature que les bourreaux. Que reste-t-il donc à faire à l'Espagne ? Nous ne connaissons point de questions à laquelle la réponse soit moins embarrassante ; que faut-il faire lorsqu'on ne peut rien faire ? Rien. Que faut-il faire lorsque tout tourne contre soi ? Rien. Lorsque chaque acte profite à l'ennemi ? Rien. Faut-il continuer la guerre lorsqu'on n'a pas les profits de la guerre, ni la probabilité d'aucun de ses succès, lorsqu'elle n'est plus bonne qu'à l'ennemi ? Faut-il avoir l'inertie de la paix par l'impossibilité de faire la guerre activement, sans se donner, par la fin de cette triste guerre , les avantages que la paix porte avec elle? Peut-on se condamner par choix à une position plus bizarre? A quoi bon ajouter des massacres à des massacres, des ruines à des ruines, et le tout parce que l'on ne sait point prendre un parti? Si la nécessité et la probabilité d'un résultat servent d'excuses et comme de voiles aux horreurs de la guerre, elle reste dans sa hideuse nudité lorsqu'elle n'est plus fondée sur ces motifs. Voilà près de quatre ans que l'Espagne poursuit comme elle peut sa guerre d'Amérique. Elle y a beaucoup dépensé en hommes et en argent; eh bien, quand elle en aura dépensé deux ou trois fois autant, sera-t-elle plus avancée? Beaucoup moins, au contraire. Et combien de tems encore soutiendra-t elle ce jeu cruel que l'on ne peut alimenter qu'en doublant continuellement sa mise?

Qu'il paraisse bien pénible à l'Espagne d'abandonner des possessions telles que l'Amérique; qu'elle en soit affectée dans toutes les parties sensibles du cœur humain, cela doit être, cela ne peut point ne pas être; mais il faut remonter plus haut dans la conduite des affaires humaines; il ne s'agit point de savoir ce qui blesse, ce qui plaît, ce que coûte à la fierté, à la fortune, mais seulement ce qui sert par soi-même aux peuples et aux gouvernemens, ce qui diminue les maux, ce qui ajoute aux ressources. Les chefs des nations n'ont point à s'occuper des affections, mais des intérêts ; les intérêts doivent être les seuls objets de leurs affections à eux-mêmes. Le soin d'éclairer les peuples, de les prémunir contre leurs illusions propres, ou contre des séductions étrangères, doit les porter à se roidir contre les penchans irréflechis des peuples, destinés qu'ils sont eux-mêmes à marcher à leur tête dans la route de la vérité, et non pas à leur suite dans celle de l'erreur. Le gouvernement espagnol ne peut manquer de craindre de déplaire beaucoup à l'Espagne en abandonnant l'Amérique à elle-même ; les Espagnols ont pris l'habitude de la voir les servir et produire pour eux : en la perdant, ils croyent qu'ils auront tout perdu, puissance et richesses. Ils la perdront bien plus sûrement par le terrible moyen qu'ils employent pour la conserver : car ils perdraient l'affection même des Américains, que la communauté d'origine pouvait faire pencher en leur faveur, et que ces sévices prolongés changeront en frères ennemis, et nulle haine n'est plus plus vive que celle de l'amitié devenue ennemie.

L'Espagne n'a donc rien de mieux à faire que de cesser d'insister sur la reprise de l'Amérique. Elle épargnera ses hommes et son argent ; ses vaisseaux ne seront plus la proie de ses ennemis ; le commerce lui sera rendu ; mais l'heure du sacrifice étant arrivée, il faut qu'il ait lieu intégralement et promptement. Le faire à demi, est ne pas le faire du tout : c'est assigner des limites que l'on peut n'avoir pas la faculté de marquer, parce que ce que l'on pourrait vouloir pourrait n'être pas voulu de même par ceux avec qui l'on a affaire. Car enfin on est deux, et il faut le concours de deux volontés.

Il faut de plus que ce sacrifice soit fait promptement :

1°. Pour prévenir de nouvelles dépenses, et de nouveaux sujets de ruine.

2°. Pour n'en point perdre le mérite. En remettant à la dernière extrémité, on ne verra

plus qu'elle, et rien mieux qu'elle ne dispense de
la reconnaissance. Lorsque l'Angleterre récon-
nut l'inutilité de ses efforts contre l'Amérique
du nord, et parla de paix, vit-on les Américains
bien touchés de cette tardive réconciliation ? se
méprirent-ils sur les motifs de l'adoucissement
de l'Angleterre à leur égard ? non sans doute, ils
sentirent fort bien qu'elle ne faisait que céder
à la loi impérieuse de la nécessité : qu'on ne
leur abandonnait que ce que l'on était impuis-
sant à leur retirer. Il en eût été tout autrement
si l'Angleterre, mieux avisée, avait prévenu une
lutte dont tous ses antécédens l'empêchaient de
reconnaître à l'avance les chances probables
et le résultat certain. Il n'avait point manqué
d'hommes qui provoquaient l'Angleterre à la
guerre, au nom de son orgueil blessé, de sa
dignité méconnue, de ses droits violés, et qui,
dans les opposans, ne lui montraient qu'un ennemi à mépriser. L'homme prévoyant, qui aurait cherché à jeter des calmans sur cette irrita-
tion, aurait eu à passer par toutes les verges de
l'opinion, mise en mouvement dans une direction entièrement contraire. Parler à la fière
Albion de renoncer à l'Amérique, lui annoncer
que de paisibles laboureurs, que des hommes

errant sur une immense contrée, dépourvus de tous les secours des arts, résisteraient aux légions qui avaient arraché l'Inde et le Canada à celles de la France, qui pouvait entendre un pareil langage? quel crime même que d'oser l'articuler! Washington et Franklin ont bien forcé à l'écouter. Les flatteurs des peuples parlent comme ceux des cours : c'est toujours aux passions qu'ils s'adressent, à un espoir certain qu'ils appellent; ils méprisent les obstacles, il ne leur coûte rien d'applanir toutes les voies : voilà ce qui se passe à l'égard de l'Espagne. Elle est entre des passions que l'on flatte, et une raison sévère qui veut la plier au joug d'une fâcheuse mais utile vérité. D'un côté, on lui crie (1): Persévérez, l'honneur l'exige, le droit est pour vous, le crime est du côté de l'ennemi; encore des efforts, la pusillanimité se rebute, le courage triomphe, l'ennemi est méprisable ; veuillez, et vous reprendrez l'empire. La raison répond : L'honneur est le bien public, c'est lui qu'il faut consulter. Un peuple appauvri, décimé, n'ajoute rien à la gloire ; l'honneur, pour les peuples, est de ne rien faire d'injuste pour

____

(1) Voyez l'ouvrage de M. Fauchet.

les autres, et de dommageable pour eux-mêmes. L'honneur n'interdit point les calculs : céder à propos, n'est point reculer par faiblesse ; le droit impossible à faire prévaloir ressemble au droit qui n'existe pas. Lorsque l'épée est tirée, le tribunal se trouve établi sur les champs de bataille; la victoire se fait juge, et l'on n'appelle point de ses arrêts. Si l'on a dû tenter, on doit s'arrêter lorsque l'obstacle est reconnu trop fort, lorsqu'il en coûterait trop pour le renverser, lorsqu'il grandit par les efforts mêmes que l'on fait contre lui. Si quelques chances restent encore, il faut aussi calculer celles qui sont contraires, et surtout tâcher de pénétrer dans les secrets de l'avenir. Lorsque l'Espagne aura aliéné d'elle pour jamais le cœur des Américains, lorsque ses ports déserts seront autant de monumens des vengeances de l'Amérique, alors il sera trop tard pour s'appercevoir de sa méprise, et les larmes de rage que pourra verser l'orgueil, ne serviront point de baume aux plaies du commerce de l'Espagne, ni de remplacement aux autres pertes que son opiniâtreté aurait attirées sur elles.

De bonne foi, entre ces deux interlocuteurs,

de quel côté se trouverait la raison, et par conséquent le bon service? car il n'y a jamais qu'elle
qui serve bien. Il ne manque pas, on le sait, de
gens qui traitent tout cela de chimère; mais
aussi n'en manque-t-il point qui le traitent de dé-
sirable réalité. Courtisan et présomptueux vont
ensemble, c'est chose connue; qui a les profits
de la flatterie, ne paie pas les frais auxquels
elle expose souvent, et c'est ce qui multiplie
cette espèce d'hommes. On ajoute qu'il n'est
pas d'usage de se désister de grandes possessions; mais il n'est pas non plus d'usage de
garder celles que la force majeure enlève. Il ne
s'agit point ici d'une chose de choix. Lorsque
l'ordre colonial était entier, et l'Espagne en
jouissance paisible, proposer à celle-ci de rejeter ses colonies comme un vêtement incom-
mode ou usé, aurait, et à bon droit, passé pour
un acte de délire, comme il le serait de proposer à un propriétaire de se désister d'un ma-
gnifique domaine que personne ne lui contes-
terait. Mais lorsque la contestation est établie
avec une telle supériorité d'un côté, que de
l'autre il ne reste aucun espoir, lorsqu'il n'y a
que des dommages à éprouver dans le présent,

lorsque l'avenir en présente d'autres encore plus graves, alors il ne reste plus qu'une seule question, celle des avantages et des inconvéniens respectifs, c'est-à-dire l'évaluation du profit et de la perte. Si cette dernière est certaine, si elle a déjà été fort grande, si elle est susceptible de s'aggraver, peut-on regarder aux sacrifices qui en préserveront, et balancer sur l'heure à laquelle il faudra les faire ? Voilà de ces cas de nécessité extrême, dans lesquels les gouvernemens ont à employer leurs forces propres pour faire accepter, par les nations mêmes, ce qui peut les contrarier davantage. Il ne s'agit point de les flatter, de leur plaire, mais de les servir, mais de prévenir les reproches que du fond de l'abîme elles auraient le droit d'adresser. Les gouvernemens sont faits pour guider les peuples, et leur montrer la route : ils ne doivent pas perdre de vue que gouverner, c'est être chef. On a vu des hommes fortement trempés, prendre de ces espèces de résolutions ; heureux ceux qui ont à vivre sous leurs lois. Si l'Espagne n'en est pas là, c'est peut-être la punition de l'ignorance dans laquelle on a laissé croupir son peuple

Avec des hommes parmi lesquels aucune lumière n'a pénétré, il peut être plus difficile de faire recevoir de ces résolutions qui supposent de l'avancement dans la raison, et de choquer des préjugés qui ne sont point balancés par la culture préparatoire de l'esprit. L'Espagnol est passionné par tempérament, par ignorance; quelques préjugés composent son fonds d'instruction; il est dangereux de le heurter dans ses idées, car il y tient plus à mesure qu'il en a moins. La pauvreté de l'esprit, comme celle de la fortune, s'oppose au détachement, et avoir peu, invite à le défendre. Les gouvernemens qui négligent la culture morale des peuples s'exposent à manquer du premier de tous les appuis, qui est la raison; ils courent le risque de ne rencontrer que des préjugés intraitables, ou des esprits ouverts à toutes les espèces de séductions. C'est pour ces hommes grossiers que La Fontaine a pu dire :

Vienne encore un trompeur. Je ne tarderai guère.

Il fut un tems, à l'aurore des troubles de l'Amérique, pendant lequel il eût peut-être été possible de faire accepter par l'Amérique,

pour la gouverner, des princes de l'Europe, et
particulièrement des princes de la maison d'Espagne, en remplacement de la souveraineté directe de l'Espagne. On sent qu'un arrangement
de cette nature était susceptible d'un grand
nombre de modifications ; le désir d'obtenir,
sans péril et sans frais, le grand but de l'indépendance, la joie d'y être parvenu sans combat,
auraient sûrement porté l'Amérique à se pré-
ter aux conditions les plus favorables à l'Espagne ; alors la première n'avait point éprouvé
ses forces, elle ignorait ce qu'elle pouvait,
elle ignorait de même ce que ne pouvait pas son
ennemi. On sent tous les avantages qui se trouvent dans des transactions passées avec des
adversaires qui en sont là, et combien on peut
obtenir de celui qui a beaucoup à craindre. Mais
aujourd'hui toutes ces bases sont changées,
les Américains connaissent leurs forces ; ils se
sont mesurés avec leurs ennemis, leurs bras
se sont fortifiés, leur esprit s'est agrandi, les
hommes ont acquis de l'importance, les gouvernemens de la régularité, avec ce qui en est
toujours la suite, du poids et de l'autorité. Il
s'est formé un système complet de l'Amérique

à l'égard de l'Europe : tout tend à son entier accomplissement ; ce système a deux branches : 1°. la séparation absolue avec l'Europe ; 2°. l'établissement général d'un ordre républicain. Ce résultat était facile à prévoir, on en avait averti, on avait placé un fanal sur ce dangereux écueil ; on n'avait pas perdu une occasion de dire à l'Espagne que ses guerres prolongées, que les dévastations qui les accompagnent, que tous ses traitemens cruels porteraient les Américains à une resolution extrême, et qu'ils se sépareraient du mode de gouvernement usité généralement en Europe, autant que de l'Europe elle-même ; qu'il fallait profiter du moment où le besoin pouvait leur faire accepter ce qu'ils ne choisiraient point sans ce motif, et qu'il fallait racheter en Amérique la royauté au prix de la souveraineté. La rançon de la première était à ce prix. Ce conseil était au nombre de ceux qui portent avec eux le salut de beaucoup de choses ; il a été négligé : qu'a-t-on gagné, sinon de se trouver vis-à-vis une indépendance toute républicaine, au lieu d'une indépendance toute royaliste ? Il était évident que l'Amérique,

abandonnée au ressentiment de ses maux ,
courait à ce résultat. Les États-Unis sont à
la porte des nouveaux indépendans ; ils y sont
avec le séduisant spectacle de leur bonheur (1).
Ceux qui ont formé les nouveaux gouvernemens, peuvent craindre personnellement de
perdre les fruits de leurs travaux; l'ingrati-
tude n'est point l'apanage exclusif des répu-
bliques ; tourmentés par les gouvernemens de
l'Europe , ils doivent avoir peu de propension
à s'y livrer. Les familles royales de l'Europe
sont inconnues personnellement de l'Amérique ; elle ne peut avoir, pour les servir , les
motifs que les Européens ont pour leur être
attachés ; les cours de l'Europe peuvent paraître bien chères à des peuples naissans, qui
sentent très - bien qu'ils se gouverneraient à
meilleur marché. S'ils s'étaient déterminés pour
ce mode de gouvernement, ce ne pouvait être
qu'à un prix tel que celui qu'ils auraient trouvé dans l'acquisition de l'indépendance sans
combat. L'intérêt extrême qui se montrait
à ne point laisser bannir la royauté de la

(1) Voyez le discours du président des Etats-Unis.

vaste surface de l'Amérique, devait, en Europe, prévaloir sur toutes les considérations. Le sort de la royauté, en Europe, ne peut manquer d'être affecté par ce qui sera fait à son égard en Amérique, et l'Amérique toute républicaine, gouvernée à bon marché, s'avançant dans les routes de la prospérité, comme font les Etats-Uunis, offrira un contraste effrayant pour l'Europe royaliste, gouvernée très - chèrement, fort gênée dans ses affaires, couverte de palais et d'hôpitaux, de broderies et de haillons, deux extrêmes inconnus aux Etats-Unis.

Voilà où a conduit l'irréflexion de l'Espagne ; voilà où l'on aboutit en poursuivant des projets de domination usée, des vengeances impossibles à réaliser, et des illusions de toute espèce qui, en se dissipant, vous font réveiller au fond d'un abîme. Cet oubli de la part de l'Espagne coûtera cher à l'Europe, et toutes les deux auront le tems de le déplorer.

Nous pourrions arrêter à ce point cette discussion. Son premier objet est rempli, celui de constater les progrès que l'indépendance a faits pendant le semestre qui vient de finir. Ces progrès se prouvent par les nouvelles forces des indépendans , et par la nouvelle faiblesse de l'Espagne. On a acquis d'un côté , on a perdu de l'autre ; ces deux points sont cons-tans ; la conclusion en faveur de l'indépen-dance est donc forcée. Ce n'est plus une chose qui puisse être mise en question, que celle de savoir si les indépendans sont supérieurs à leurs adversaires, et s'ils ont en eux tout ce qui est propre à assurer leur triomphe.

Mais de trop grands intérêts sont attachés à la parfaite solution de cette question, pour nous borner à cette démonstration , quelque complète que d'ailleurs elle puisse paraître. S'il ne s'agissait que d'un objet propre à amuser l'esprit, à satisfaire la curiosité, en un mot, d'un programme d'académie, il serait superflu d'ajouter aux preuves apportées plus haut : abandonner avec confiance le reste à l'intelligence du lecteur, serait le meilleur ; mais on sent qu'il ne peut y avoir rien d'exces-sif dans le soin de faire pénétrer le plus avant qu'il est possible, dans les esprits, des vérités qui doivent décider de l'existence de plusieurs nations, et des plus grands intérêts des deux mondes; car, quoiqu'on en dise, ils se re-trouvent tous dans cette question. Lorsque nous avons traité des questions coloniales, c'est dans cette étendue de vues et de résul-tats que nous les avons considérées. Hors de cette généralité, il n'y a plus qu'erreurs et méprises de la nature la plus dommageable. Nous allons donc passer à l'explication de quelques articles qui rentrent dans cette question :

1o. Des plans jetés dans le public relati-vement à l'Amérique.

2º. De la manière dont la révolution colo-niale est envisagée par les gouvernemens et par les peuples.

3º. Des écrits auxquels elle a donné lieu.

Il nous a paru très-important de bien fixer ces trois points qui atteignent les hommes comme les choses, ainsi que de dissiper tous les nuages qu'à défaut de solides raisons on élève autour de ce sujet; il en est bien peu qui aient été traités d'une manière aussi passion-née, mais en même tems plus mesquine, com-me plus opposée aux principes de la matière.

Projets relatifs à l'Amérique.

Lorsqu'une commotion prolongée a ébranlé un grand pays, lorsqu'il a résisté aux attaques dirigées contre lui, lorsqu'il menace encore de résister avec succès, il se forme nécessairement deux opinions sur le traitement à suivre à son égard : l'une n'indique que des rigueurs, l'autre en appelle aux effets de tempéramens appropriés aux circonstances. Ce partage d'opinion a eu lieu à l'égard de la France. Les uns voulaient exterminer la révolution avec tous ses adhérens; d'autres, rebutés par l'inutilité des premiers efforts, inclinaient à pactiser avec elle, à lui céder pour en recevoir et pour obtenir d'elle-même de se calmer, en reconnaissance des concessions que l'on lui ferait. Il en est de même pour les colonies. D'un autre côté sont des exterminateurs qui ne voient dans les indépendans que des rebelles, ainsi qu'une continuation de révolutions dont le glaive doit faire justice, exemple et étouffer les germes. De l'autre, on propose de ramener les indé-

pendans à la reprise du joug, par l'éloignement de ce qui les blessait, et par la conces-
sion de ce que l'on suppose être l'objet de
leurs désirs.

Ainsi, l'on a reproduit plusieurs fois le
plan proposé par lord Wellesley aux Córtès
de Cadix, relativement aux indépendans qui
alors ne faisaient que de se montrer. Depuis,
on a allégué que les concessions qu'alors on
jugeait propres à désarmer les colonies, n'é-
taient proposées que dans la vue de dis-
penser l'Espagne d'envoyer en Amérique des
troupes que l'on désirait retenir dans la péninsule contre l'ennemi commun.

Le fonds de tous ces projets revient unifor-
mément à deux points :

1°. La liberté du commerce accordé à l'Amérique, ainsi qu'un mode d'administration intérieure plus rapprochée d'elle ; 2°. la rentrée
sous la domination espagnole. Il y a deux
choses très-distinctes dans ce plan :

1°. Son contenu ;

2°. L'époque dans laquelle il est proposé.

Commençons par ce dernier.

Un plan de conciliation présenté en 1812,

à des hommes qui n'avaient pas encore essayé
leurs forces, pouvait les affecter tout autrement qu'il ne le fera après cet essai, et cet
essai heureux. Les prétentions suivent les
succès. Ceux qui sont maîtres de Buénos-Ayres,
du Chili, qui vont l'être du Pérou, et bientôt
du reste de l'Amérique méridionale, ne seront
pas très-frappés de l'avantage d'obtenir l'exercice des droits politiques, et la liberté du
commerce, mais à la condition de rentrer sous
les lois de la métropole, lorsque déjà ils jouissent de ces droits et de cette liberté, et qu'ils
en jouissent par eux-mêmes, ce qui est le
point capital. On ne leur donne rien qu'ils
n'aient déjà, et on les fait renoncer à ce qu'ils
ont : et quelle est la chose sur laquelle doit
porter la renonciation? la plus précieuse de
toutes, celle qui à elle seule équivaut à toutes
les autres ensemble, qui les produit toutes. En
effet, que peut-on, pour les Américains, mettre
à côté de l'indépendance? quel équivalent leur
offrir pour un pareil sacrifice? quelle garantie
leur donner pour le tems qui suivra celui de
leur nouvelle soumission? Il est bien facile d'in-
sérer dans un traité tout ce que l'on veut :

7

comme on dit, le papier souffre tout; mais qui explique ce traité? qui le garantit? qui juge les cas litigieux, dont le nombre, toujours si grand, même dans les transactions entre les particuliers, doit, à plus forte raison, l'être bien davantage dans celles de cette nature. Lorsque l'Amérique aura subi la reprise du joug de l'Espagne, celle-ci voudra exercer les droits de la souveraineté, nommer les agens de l'autorité, régler et percevoir les tributs, reviser en Europe une partie des actes et des jugemens émanés de l'Amérique ; lorsque la métropole sera en guerre, l'Amérique s'y trouvera-t-elle comprise? les adversaires de l'Espagne consentiraient-ils à reconnaître sa neutralité? Cependant, sans ces attributs de la souveraineté et de l'union sociale, à quoi se rapporteraient et la souveraineté de l'Espagne, et l'union avec l'Espagne? Le roi d'Espagne consentirait-il à ne faire que ressembler aux grands de son pays qui ont des terres et des mines en Amérique, dont ils consomment les produits en Espagne? Dans ce cas le roi n'aurait qu'un droit de douanes sur les côtes et sur l'extraction des métaux, en y joignant les faibles produits des impôts que les dépenses locales n'auraient pas absorbés. Quelle bizarre situation ! et pendant combien de tems espérerait-on la faire durer? Mais écartons toutes ces suppositions, et prouvons, 1°. que c'est précisément contre cette dégénération de leur système d'indépendance que les Américains sont armés ; 2°. que l'Espagne ne pourrait pas maintenir ce nouvel ordre de choses ; 3°. qu'il produirait infailliblement le renouvellement de l'indépendance.

Commençons par ce dernier article.

Pourquoi l'Amérique veut-elle être indépendante? parce qu'elle sent qu'elle peut l'être. Est-ce donc que l'on sent le besoin de l'exercice de la majorité, avant d'avoir acquis la force qui est son apanage. Croit-on que cela puisse provenir d'une simple fantaisie? non, assurément: la nature qui a donné la force, est celle qui avertit d'en user; les hommes ne sont là que ses instrumens. L'Amérique entière s'est soulevée contre l'Espagne : à quelle époque? est-ce lorsqu'elle n'était pas plus pourvue de population que de lumières, lorsque la population européenne avait besoin de celle de l'Espagne contre les indigènes, les habitans pri-

mitifs ? Comment alors y aurait-elle pensé ?
Mais lorsque le sang européen s'est multiplié,
lorsque les hommes et les connaissances ont
pris un accroissement parallèle, lorsque tout
s'est fortifié, agrandi, alors les liens avec la métropole se sont relâchés, ils ont fini par tomber ; l'épée a coupé ce qui en restait ; elle a
frappé les mains qui tentaient de les renouer.
Pourquoi cela ? parce que l'on se sentait fort,
parce que l'on n'avait plus besoin de protection, parce que l'on avait la conscience de suffire à sa propre défense, et que l'on voulait
jouir pour son compte des fruits que l'on avait
cultivés. Par conséquent tout ce qui portera
à l'accroissement des forces de l'Amérique, la
portera aussi à l'indépendance : on est enfermé
dans ce cercle vicieux. Appauvrir l'Amérique,
autant s'en passer ; la laisser se fortifier, autant
l'abandonner à défaut de pouvoir la contenir.
C'est là un des doubles effets qui se rencon-
trent souvent dans la question des colonies,
et dont l'oubli égare tous ceux qui en écrivent.
Ils ne voyent qu'un effet, et il s'en trouve
toujours plusieurs qui se tiennent étroitement
liés, et qui réagissent l'un sur l'autre.

Accorder à l'Amérique les deux choses les plus propres à favoriser son développement, une administration propre et la liberté du commerce avec tout le monde, n'est pas autre chose que la conduire au renouvellement de l'indépendance. L'Espagne ne peut pas contenir dix-sept millions d'Américains, et elle en retiendrait vingt, trente, quarante millions, qu'un ordre plus prospère ferait bientôt naître sur cette terre incomparable! Leurs relations s'étendraient avec l'univers, et ils ne voudraient point participer au mode de l'existence de chacune de ses parties, qui vivent dans un état d'affranchissement complet, les unes à l'égard des autres! Les avantages que l'on céderait, que l'on procurerait à l'Amérique pour la faire renoncer à l'indépendance, serait donc précisément ce qui lui donnerait les moyens de l'obtenir, et qui lui inspirerait la volonté de l'acquérir. Depuis quand, parmi les hommes, a-t-on vu devenir nombreux, éclairé et riche, pour aboutir à ne faire que servir autrui?

Tout cela est hors de la nature, et c'est toujours à elle qu'il faut revenir pour se guider sûrement. Par conséquent, donner à l'Amérique les droits mentionnés ci-dessus, c'est l'appeler directement à l'indépendance.

2°. L'Espagne n'a pas eu la force de contenir l'Amérique dans l'état de faiblesse où l'avait mis sa longue tutelle, et elle en aurait le pouvoir, après tout ce qui s'y est déjà passé, comme avec le nouveau développement de forces qui suivraient des concessions supposées ? Par qui l'Espagne ferait-elle garder l'Amérique ? serait-ce par les habitans de l'Espagne, ou par ceux de l'Amérique ? Les mêler ensemble, serait peu sûr ; quelle garantie offrirait la garde faite uniquement par les Américains ? Les Anglais se tiendraient - ils bien assurés de l'Inde, si elle était abandonnée aux seules garnisons indiennes ? Les Espagnols seront-ils chargés exclusivement de ce soin ? en quel nombre ? avec quels frais ? Tout est changé en Amérique; les calculs d'autrefois n'y trouvent plus d'application. Lorsque ce pays était vierge de révolution, l'Espagne n'y entretenait pas plus de 15,000 hommes de troupes d'Europe; les milices faisaient le reste. Alors tout était calculé contre l'ennemi du dehors ; mais aujourd'hui, c'est au dedans qu'il se trouve

principalement; par conséquent, loin de se servir de ces milices, il faudrait commencer par
les abolir à jamais ; il faudrait donc que tout
se fît par les Espagnols venus d'Europe, car
ceux de l'Amérique seraient ceux-là mêmes qui
devraient être surveillés avec le plus de soin ;
mais alors en quel nombre les Espagnols
d'Europe ne seraient-ils point nécessaires pour
garnir un pays aussi vaste que l'Amérique ?
où la déserte Espagne prendrait-elle toutes les
garnisons de l'immense Amérique ? garnisons
qu'il faudrait augmenter suivant les degrés de
l'accroissement de la population américaine,
pour les tenir toujours au niveau des besoins,
car on ne garde pas une ville de cent mille
âmes comme on garde une ville de vingt mille.
Ainsi l'Espagne devrait renforcer ses garnisons
d'Amérique à mesure que la richesse et la population de celle-ci augmenteraient. Il faut, de
plus, tenir compte de l'insalubrité du climat,
et des tems de guerre pendant lesquels l'Espagne cesse de communiquer avec ses colonies,
et de pouvoir veiller sur elles. Cette séparation
prolongée a fourni le prétexte et le moyen
d'accomplir la séparation actuelle. Les mêmes.

circonstances ramèneraient les mêmes effets. Dans l'état ancien , lorsque l'Espagne entretenait peu de troupes en Amérique, le produit net de ses domaines américains, portés en Europe, s'élevait à 60 millions. Les troupes destinées à la défense du pays absorbaient une moitié du revenu; mais, dans l'état nouveau, que ne coûteraient point les immenses garnisons que cet état exigerait, ainsi que les fortifications à élever pour s'assurer du pays, et pour le brider, pour le défendre contre ses ennemis extérieurs et intérieurs ? Il est bien évident que les revenus de l'Amérique ne suffiraient point à l'entretien des forces nécessaires pour remplir cette double destination.

Mais ce qui ruine encore plus efficacement ce système de modifications à la dépendance de l'Amérique, c'est le but auquel les Américains rapportent leur révolution , ainsi que les longs et pénibles sacrifices qu'elle leur a coûtés. Si le sentiment de leurs forces l'a fait tenter, le sentiment des maux l'a fait désirer. A quoi pensent ceux qui proposent à l'Amérique de rentrer sous la dépendance , au moyen de quelques allègemens qu'on lui accorderaït ? C'est bien à cela que se rapportent ses vues et ses travaux. Voyons les choses comme elles sont. L'Amérique veut une existence personnelle, américaine, une direction propre, une administration propre, la liberté de tous ses mouvemens, la guerre pour elle, la paix pour elle, plus de liens étrangers, plus de tutelle étrangère ; en un mot, toute liberté pour l'Amérique, comme toute liberté pour l'Europe et le reste du monde. L'Amérique ne demande rien à l'Europe ni à personne ; elle veut seulement que personne n'ait rien à lui demander : ce n'est pas être exigeant ; mais aussi ne faut-il pas avoir perdu le sens pour dire à des hommes qui ont combattu pour s'affranchir de tant d'entraves, et qui touchent presqu'au terme, qu'on leur cédera quelque partie de ce qu'ils tiennent déjà, pourvu qu'ils renoncent à l'objet principal, celui qui lui seul vaut tous les autres, et les renferme tous ? Le gouvernement est complettement organisé à Buénos-Ayres ; ses ports sont ouverts à tous les pavillons ; la guerre ne pourra plus l'atteindre. Le Chili est également en pleine indépendance ; le Pérou ne peut manquer de l'acquérir ; toutes les contrées situées entre l'Orénoque et la mer y arrivent ; la fédération américaine s'affermit et s'étend tous les jours ; elle voit son ennemi direct s'affaisser à mesure qu'elle-même fait des progrès et grandit, et elle prêterait l'oreille à la proposition de reprendre le joug en vue d'avantages que dans tous les cas on n'est plus le maître de lui refuser, de rentrer dans la sujétion dont elle s'est débarrassée si péniblement, enfin de mettre couronne bas, pour ainsi parler, en offrant de nouveau sa tête comme support à celle qu'elle à rejetée, en attendant qu'on lui demande aussi de tendre les mains à ses anciennes chaînes ! La défiance est la boussole des peuples rentrés sous la domination qu'ils ont une fois abjurée ; ils ne se fient pas plus aux autres que les autres ne se fient à eux.

On a présenté ces arrangemens comme devant être le résultat d'une puissante intervention ; mais les arbitres seront-ils aussi les garans dans tous les tems ? seront-ils toujours là pour expliquer les obscurités, dissiper les nuages, redresser les torts, ramener à l'observation du droit. Dans les cas si fréquens des

guerres entre l'Angleterre et l'Espagne, celle-
ci demandera-t-elle à l'autre l'effet de la garantie ? Si l'intervention est refusée, s'armer-t-on
pour la faire accepter, pour contraindre le
dissident ou le réfractaire ? Quelle source immense de difficultés ne soulève-t-on pas dans
cette hypothèse ?

Au point auquel les choses sont arrivées,
à celui auquel elles ne peuvent manquer de
s'élever dans un espace de tems très-court et
très-prochain, il n'est plus qu'un parti conforme à la raison, à l'humanité, aux intérêts
de l'Europe, de l'Amérique, surtout à ceux
de l'Epagne : la reconnaissance la plus prompte
et la plus formelle de l'indépendance américaine. Ce n'est plus, comme on dit vulgaire-
ment, qu'une affaire à arranger, mais aussi
c'est la plus grande des affaires. On ne peut
trop se hâter de mettre un terme à une mauvaise guerre mal engagée, mal conduite, vi-
cieuse dans son principe, viciée dans sa direction, ruineuse pour tout le monde, très-em-
barrassante pour l'Europe tiraillée en sens
contraires, combattant ce qu'elle soutient,
désirant ce qu'elle n'ose avouer, fardant de

mauvaises couleurs des prohibitions contraires à ses vœux secrets, à ses intérêts urgens,
querelle qui fait disparaître des mers la sécurité, comme la sincérité des signes auxquels les nations attachent leur reconnaissance réciproque ; querelle de haine éternelle
de la part de l'Amérique contre la partie de
l'Europe qui l'afflige, et qui peut le devenir
aussi contre celle qui assiste froidement au
spectacle de son supplice. Aujourd'hui il est
trop tard pour remonter aux antiques prétentions du droit, et rappeler le passé. En politique, les jugemens *à priori* ne sont pas
de mise aussi long-tems qu'ils peuvent l'être
au civil. Il faut se hâter de courir aux conséquences, et tenir compte des dommages
éprouvés et des dommages imminens. Il n'est
plus tems de rechercher à qui fut l'Amérique,
si elle a fait bien ou mal de se soustraire
à ses anciens liens, pas plus qu'il ne l'était
de rechercher les causes de la révolution,
lorsque ses effets embrassaient le monde. Il
faut savoir se dégager de tous ces antécédens,
bien superflus dans de pareilles affaires, pour
ne s'occuper que des besoins présens et à venir.

Eh bien, ces besoins que chaque jour aggrave, que chaque jour aggravera, exigent de ne plus balancer sur cette reconnaissance. Son retard tient, à plusieurs égards, l'Europe dans un état de perplexité très-pénible pour elle. Une partie du monde ne sait plus ce qu'elle doit penser de l'autre, ce qu'elle doit faire pour lui et avec lui. Par cette incertitude, la division des esprits est entretenue, l'art des déguisemens pour échapper aux prohibitions est perfectionné, le commerce erre dans des voies incertaines, poursuivant des objets qui échappent à tout calcul. L'Europe se démoralise et s'appauvrit à la fois. Déjà plus de six récoltes du Mexique, au taux commun de 150 millions en métaux, et de 200 millions en marchandises, sont en arrière. Qui rendra à l'Europe ces immenses arrérages ? Et pendant ce tems, l'écoulement des métaux vers les parties orientales de l'Europe et de l'Asie, n'en suit pas moins son cours ; bien plus, il s'aggrave par la concurrence des Américains dans le commerce asiatique, ainsi que par celle des autres peuples de l'Europe auxquels la paix a permis de reprendre cette route. Ici, comme on voit, il ne s'agit point seulement de l'Es-

pagne, mais d'un effet qui atteint la généralité des nations européennes, le corps même de
l'Europe. Comment l'ébranlement d'une masse
telle que l'Amérique, n'affecterait-il point l'Europe ? Il ne suffit pas de se tenir en observation, et comme juge des coups ; si en général
cela n'est pas très-humain, cela n'est pas non
plus très-profitable, et il est rare que de spec-
tateur on ne soit pas forcé de devenir acteur.
Tout ceux qui, pendant la révolution, s'étaient
arrangés pour ne faire que garnir la galerie,
ont dû finir par descendre dans l'arêne. Veut-
on se condamner à subir les effets de la prolongation indéterminée d'un pareil état ? mais
de le vouloir à le pouvoir, il y a loin. Combien de plans d'attente n'ont pas été déjoués !
Presque toujours les hommes se laissent gagner par les événemens, à défaut d'avoir su
prendre une résolution en tems utile. La
France donne dans ce moment un exemple
frappant de ces dommageables expectatives.
Elle a offert aux possesseurs actuels de St.-
Domingue tout ce qui constitue la véritable
indépendance, et bien plus que l'on n'offre
aux indépendans américains. On ne conçoit
pas même comment elle a porté ses conces-

sions à une telle lattitude sans aller jusqu'au bout , et sans joindre le mot à la chose : mais elle hésite , elle recule devant ce mot, comme s'il était tout , et la chose rien. A défaut de le prononcer , elle voit son commerce banni chez Christophe; il ne pénètre chez Péthion que sous des noms et des couleurs empruntés. On parle de dignité, de formalités, là où il s'agit d'utilité ; sont-ce donc les maîtres des cérémonies ou les administrateurs, les curateurs des intérêts publics qui doivent présider à la décision de pareilles questions? La dignité consiste-t-elle à refuser de reconnaître ce qui existe, et ce que l'on n'a pas fait soi-même, ou bien à en souffrir les inconvéniens prolongés? Pendant que la France hésite entre une dignité mal entendue et des intérêts grièvement offensés par cette hésitation même ; pendant qu'elle murmure tout bas ce que depuis long-tems elle aurait dû articuler tout haut; pendant qu'elle est réduite à ne faire que frapper à des portes qu'elle pourrait faire tenir ouvertes, de graves indiscrétions, très-fâcheuses pour le commerce de France, sont commises par des hommes qui n'entendent rien à toutes

ces ambiguités, et qui sont égarés par elles (1).
Ce commerce est menacé d'interdiction formelle ; et pendant ce tems, les étrangers qui
n'ont rien à voir à tout ce *ponctilio*, affluent à
St.-Domingue ; ils y forment des établissemens et des goûts étrangers à ceux de la
France, et quand celle-ci, substituant enfin
une conscience commerciale à une conscience
cérémonieuse, laissera échapper la tardive
parole, le mot réputé magique de reconnaissance, elle se trouvera vis-à-vis de gens qui
ne la reconnaîtront plus elle-même. C'est à
Bordeaux et au Havre, dans leurs ports déserts, que se trouveraient des argumens plus
forts que les nôtres.

Dans tout il faut savoir prendre son tems.
Quoi ! parce que l'Espagne n'a pas su adminis-
trer ou contenir l'Amérique, celle-ci doit
comme disparaître pour l'Europe ? Quoi ! un
monde entier aura en quelque manière cessé
d'exister, parce qu'une petite partie d'un autre
monde entend qu'il n'existe que pour elle,
et d'après elle ? Que devient donc la grande

______

(1) Voyez le jugement rendu par la cour royale de
Bordeaux dans l'affaire jugée à Saint - Domingue
contre un Français et un Russe.

communauté qui existe entre toutes les nations qui couvrent la terre, et dont chaque nation en particulier ne forme qu'un membre? Une association humaine peut jeter l'interdit sur une partie du globe, et la séparer du reste du monde. Voyons les choses telles qu'elles sont; ne les confondons point, pour ne pas nous exposer à les dénaturer. Il ne faut pas plus d'anarchie que d'exclusion; s'il s'agissait d'une localité bornée, intérieure, par exemple d'une province d'Espagne qui tenterait de se soustraire à l'association qui possède ce pays, il est bien évident que, tant par sa nature que par ses effets, le débat serait borné entre l'Espagne et les réfractaires : certainement l'Europe et le reste du monde, qui ne seraient point atteints par ce conflit, n'auraient point à intervenir dans ce qui ne serait pas susceptible de les atteindre. On a vu, sous Louis XIII, sous Louis XIV, les insurrections de la Catalogne fomentées dans les vues de la politique du tems : c'était un outrage à la légitimité et à la monarchie. Il n'y avait de prétexte que dans les intérêts privés; mais qu'est-ce que cela a de commun avec un ordre de perturbation tel que celui qui provient du mouvement d'une masse, comme l'Amérique? Il faut donc faire l'application d'une autre conduite à d'autres principes.

On doit s'attendre à voir dans peu de tems les représentans des divers gouvernemens de l'Amérique se présenter à l'Europe, et lui demander de former avec elle les relations que l'ordre des sociétés humaines exige réciproquement de toutes les parties qui entrent dans leur composition. Ce spectacle sera nouveau, sans doute, mais il est inévitable. La scène du monde s'agrandit; fermer les yeux ne l'empêche point de se consolider : les politiques ne doivent pas imiter cet animal qui se croit en sûreté contre le chasseur, lorsqu'il s'est placé de manière à le perdre de vue : eh bien! lorsque les porteurs de paroles de dix gouvernemens nouveaux, un caducée dans une main, un échantillon des richesses du Nouveau-Monde dans l'autre, viendront montrer à la fois à l'Europe la paix et l'opulence, lorsqu'ils agiront par ce double attrait sur tous les esprits et tous les yeux, attendra-t-on que l'Espagne permette de donner audience? recherchera-t-on

si les sceaux de la Castille pendent au bas de
leurs lettres de créance, ou bien, obéissant à
l'évidence des faits, à la persuasion des intérêts,
passera-t-on outre, après s'être assuré du degré de sociabilité des nouveaux états? Alors il
ne s'agira plus de décider entre des droits con-
testés, mais seulement de constater si le sceau
social dont est masqué le front de toutes les
associations humaines, se fait remarquer parmi
les impétrans aux mêmes signes et avec le
même éclat auxquels les autres sociétés se reconnaissent entre elles. Alors la question n'aura
qu'à porter sur un fait, en sortant de l'examen
du droit. L'Amérique du nord paraît avoir pris
l'initiative de cette manière d'envisager la question; elle députe à Buénos-Ayres, comme for-
mant une société organisée; elle ne s'ingère pas
de décider entre la métropole et les colonies;
à elles de faire valoir leurs droits à l'égard l'une
de l'autre: elle se borne à partir d'un point de
fait certain, incontestable, auquel sont attachés pour elle de forts grands intérêts dont elle
ne peut décider ailleurs ni autrement. Buénos-
Ayres existe comme gouvernement ordinaire,
organisé comme tous les autres gouvernemens,

agissant sous l'influence des lois qui régissent toutes les sociétés. La fréquentation habituelle des citoyens des Etats-Unis avec Buénos-Ayres, et de ceux de Buénos-Ayres avec les Etats-Unis, exigent des organes et des intermédiaires reconnus entre eux; tout se rapporte à une chose de fait, l'existence sociale de Buénos-Ayres; les droits des tiers sont laissés à l'écart, parce qu'ils sont inapplicables à l'état des choses et aux besoins des parties.

Cette manière de procéder n'a rien que de conforme aux premiers principes de la sociabilité : on commence par être, par exister; on se fait ensuite adopter par les membres de la société avec laquelle les intérêts mutuels obligent d'entretenir des relations habituelles. Ce n'est point décider entre des droits, c'est seulement veiller à ses intérêts, ce que l'on a toujours le droit et le devoir de faire. L'Angleterre fait un commerce immense et très-lucratif avec l'Amérique du sud; elle a des agens protecteurs de son commerce à Buénos-Ayres, et elle se conduit ostensiblement comme si rien de tout cela n'existait, comme si le drapeau espagnol flottait à Buénos-Ayres; elle est reçue, et elle ne reçoit pas ; que veut dire cela? que signifie cet *embroglio*, propre à rappeler les ruses routinières de l'ancienne diplomatie? Si l'Amérique, forte de ses accroissemens propres, et de la faiblesse de l'Espagne, demandait un terme à ces tergiversations dérisoires, et déclarait qu'elle ne s'ouvrira qu'à ceux qui l'auront reconnue dans son état d'indépendance; que pour avoir part à ses profits, il faut commencer par en reconnaître et en avouer la source, ferait-elle autre chose que ce qui se trouve à la fois dans la raison et dans son droit? C'est ce que, dans ce moment, la France subit de la part de Saint-Domingue, qui a déclaré, par l'organe de Christophe, qu'il n'admettrait le pavillon français que lorsque celui d'Haïti serait reconnu. Faut-il que la France soit privée des produits de Saint-Domingue, et les voie passer à d'autres, parce qu'il en coûte de proférer le mot d'indépendance? C'est encore dans les ports du Havre et de Bordeaux qu'il faudrait tenir le conseil où se déciderait cette question.

L'Europe n'a point fait l'insurrection américaine; celle-ci existe par le fait; long-tems l'Europe s'est bornée à observer sa marche, et cette obérvation lui a coûté cher : elle n'a pas reçu le prix de sa modération. Cette insurrection ne peut plus être réprimée ; il est inutile, il est affreux d'en prolonger les conséquences, puisqu'on ne peut plus s'opposer au principe : celui qui a fait la faute ne doit l'imputer qu'à lui-même ; les autres ne doivent pas en souffrir, ni en porter la peine.

En partant de ce point, on arrive à une solution facile, prompte et complette des embarras dans lesquels on se trouve plongé, ainsi qu'au terme des pertes que l'on éprouve, et cette solution, loin de blesser aucun droit social, s'appuie au contraire sur les premiers et les principaux droits de la société : ceux de la conservation générale. Avant de s'occuper des droits individuels, il faut pourvoir à ceux de la masse, et faire du salut de la communauté la garantie de celui de chacun de ses membres.

Loin donc qu'il y ait lieu d'intervenir à l'effet de rétablir la dépendance mitigée de l'Amérique à l'égard de l'Espagne, il n'y a plus qu'à procéder à la reconnaissance générale, simultanée, et la plus prompte possible, de l'indépendance américaine. L'Espagne comme l'Eu-

rope, et l'une autant que l'autre, n'ont plus
qu'un seul intérêt ; on ne peut se lasser de le
dire, et cet intérêt n'est pas celui de la conservation de la souveraineté sur l'Amérique, mais
bien celui du perfectionnement de cette contrée, parce que chaque degré de ce perfectionnement deviendra à la fois pour l'Amérique et pour l'Europe, la source d'immenses
avantages. La possession d'un pays mal peuplé,
mal régi, mal cultivé, n'est rien en comparaison
des produits que peuvent donner de bonnes et
solides relations avec un pays que de saines
institutions font peupler, fleurir et prospérer.
Quand l'Angleterre eût été, il y a cent ans, maîtresse de la Russie et de ses déserts, qu'en eût-
elle fait? que lui aurait-elle rapporté? Au contraire, que ne lui eût-elle point coûtée par les
guerres et par l'établissement civil dont elle
aurait eu la charge? Que ne lui rend-elle point
depuis que la civilisation l'a fait entrer dans les
parties vivantes du globe par l'introduction
des arts, du commerce et des goûts qui sont
communs au reste de l'Europe? L'Amérique
du nord a cessé d'être un des domaines de
l'Angleterre, et elle est devenue une des

sources de sa richesse. L'Europe n'est pas au nombre des propriétés des États-Unis, et leur commerce ne moissonne-t-il pas dans toutes ses parties, comme dans un champ couvert des plus riches récoltes? Il en est de même de l'Inde. Les États-Unis n'y possèdent point un pouce de terre, et là encore ils partagent les profits avec le propriétaire, avec l'Angleterre; ils l'ont forcée de donner à son commerce de cette contrée une direction nouvelle, et avec le tems ils y apporteront bien d'autres changemens.

C'est sur cette vaste échelle qu'il faut former ses idées, en se pénétrant à l'avance de l'inutilité de tous les efforts contre le nouveau mouvement qu'ont pris les choses. Tout s'est organisé et se dirige dans un ordre nouveau, auquel il est bien superflu de prétendre opposer de la résistance. La nature des choses qui a fait le changement est aussi là pour le défendre; d'un bras irrésistible elle renverse toutes les digues; autant on en élève, autant elle en brise. Un jour nouveau luit sur l'univers, éclairant tous les yeux, en blessant seulement quelques-uns qui recherchent toujours d'autres clartés. Les anciennes et jalouses maximes du commerce fondées sur la défiance, la haine, les exclusions, tombent chaque jour devant un code de morale politique plus étendu, plus humain, formé à la clarté d'expériences plus sûres, et dont la communication entre tous les peuples a fourni les élémens. Jadis chaque état ressemblait, par rapport aux autres états, aux classes privilégiées, uniquement occupées d'exclusions. De meilleures théories ont prouvé l'erreur, et qu'au lieu d'exclure, il ne fallait que confondre. De cette vérité élémentaire a découlé la démonstration que tout ce qui périssait pour l'un, périssait pour tous ; que la richesse, en quelques mains, en quelque lieu qu'elle fût placée, enrichissait; que partout la stérilité stérilisait ; que les avarices de nations n'étaient pas moins préjudiciables aux autres nations, que les avarices privées l'étaient aux particuliers ; et qu'enfin le bonheur avait sa source principale dans son principe d'expansibilité. S'il n'existait au monde qu'une nation florissante, elle ne le serait pas long-tems. Bientôt il faudrait descendre ou partager.

Admirable nécessité qui fait à l'homme la loi de communiquer sa richesse pour en jouir, pour l'augmenter, et qui relègue l'exclusif parmi les nécessiteux et les aveugles ! C'est dans cette lattitude qu'il faut considérer cette immense question de l'Amérique. On a rendu suffisamment hommage aux droits conventionnels de la souveraineté de l'Espagne ; l'Europe, qui n'en a pas été l'infracteur, ne lui doit pas de s'en faire le gardien à tout prix : elle ne lui doit point de lui immoler son présent avec son avenir ; il faut aussi que ceux qui gouvernent, apprennent qu'il est des peines attachées à l'incurie, au désordre, à l'ignorance, aux préjugés, à la mal-façon ; qu'il n'y a pas lieu de réclamer assistance, quand on s'est conduit de manière à produire le désordre, à implorer des secours lorsqu'on est cause de gêne universelle, et qu'enfin on n'est point appelé à diriger les autres, lorsqu'on n'est point en état de se conduire soi-même ; qui se fait tuteur ne doit point en avoir besoin. Aussi ne serait-ce point une prime d'encouragement assurée à tous les mal-adroits en gouvernement, que cette commode attribution de secours, toujours à leurs ordres, à chaque faux pas qu'ils auraient faits, sur la simple invocation de leurs droits ; les droits n'existent point pour eux-mêmes , mais pour leurs effets ; on n'est point chef pour être chef , mais pour présider à des actes, et c'est par ce que ceux-ci contiennent qu'il faut apprécier les chefs. L'Amérique s'est détachée de l'Espagne comme un fruit mûr se détache de l'arbre. A qui peut-il être donné de le suspendre de nouveaux aux branches dont le cours même de la nature l'a séparé? comment protester, pour ainsi dire, contre son œuvre, et faire prévaloir la souveraineté humaine et conventionnelle, sur celle de la nature ? Celle-ci est la racine de toutes les autres. L'humanité, la raison, l'intérêt de l'Europe , et celui bien entendu de l'Espagne elle-même , exigent de placer la question préalable sur toutes ces réclamations. Passons maintenant à l'examen des dispositions respectives des gouvernemens et des peuples, à l'égard de l'indépendance américaine.

Des dispositions des gouvernemens et des peuples, pour l'indépendance américaine.

Trois grandes révolutions populaires ont eu lieu dans le monde depuis quarante ans ;

et à la manière des commotions de cette nature, elles ont changé tout ce qu'elles ont atteint. Par révolutions populaires, nous entendons celles que l'on peut appeler révolutions de nation, et non point celles de ces parties des nations qui en forment les dernières classes. On a cherché à confondre ces notions, et cela dans des vues dont la tendance est assez connue.

Cependant la différence entre elles est immense, car dans les unes ce sont les lumières qui donnent la force nécessaire pour agir, et dans les autres c'est la force qui agit sans lumières. Dans le premier cas on modifie, on con-solide, on perfectionne; dans le second, on envahit, on brise, on détruit, on souille. On l'a vu en France lorsque la populace eut usurpé. Nous écartons encore de cette discussion ce qui tient à ces espèces de révolutions qui ont pour objet de faire prévaloir un homme, ou bien un parti sur un autre.

Ces trois grandes révolutions sont celles des Etats-Unis, de France et de l'Amérique espagnole. Saint-Domingue est dans une autre cathégorie. On a fait dépendre ces trois révolutions l'une de l'autre, et d'une succession on a fait une filiation. Il se trouve à la fois du vrai et du faux dans cette allégation : séparons-en les élémens pour les bien reconnaître.

La révolution d'un pays ne crée pas les sujets de mécontentement qui font éclore, un changement dans un autre ; seulement elle peut les rendre plus sensibles. et en quelque manière plus palpables. La révolution d'Amérique n'avait point produit en France la féodalité, les priviléges, les impôts excessifs et mal répartis, les douanes intérieures, la Bastille, les lettres de cachet, et tout l'attirail du despotisme, de l'arbitraire et des exclusions qui renfermaient de quoi blesser chacun en particulier, et la nation en général. De même la révolution française n'a point créé au sein des colonies espagnoles les germes multipliés des souffrances dont elles se plaignaient, et qui les ont fait éclater contre la métropole. A son tour celle-ci n'a point fait les malheurs de Saint-Domingue ; qui sont à imputer aux imprudens qui ont entassé dans cette île une population dont la force rendait la répression impossible. Toutes ces révolutions n'en ont pas engendré en Russie, en Danemarck, en Autriche. Il n'y a donc pas de liaison nécessaire entre elles et celles qui pourraient encore survenir. Il faut s'entendre lorsqu'on assigne les causes de certains effets, et bien marquer les points par lesquels ils se touchent. Ainsi, sous le premier rapport, chacune de ces révolutions est innocente de la naissance de l'autre ; mais il y a pu avoir une influence indirecte établie par les comparaisons et par les occasions qu'elles ont fait naître, auxquelles elles ont donné lieu. Ainsi parmi les Français qui passèrent en Amérique, plusieurs ne revinrent pas les mêmes qu'ils étaient partis : ils avaient vu et entendu d'autres choses. De même, les indépendans espagnols ont pu s'éclairer au jour nouveau qui brillait à côté d'eux, dans l'Amérique du nord. La double guerre de l'Espagne contre la France et contre l'Angleterre, quoique faite dans un sens absolument contraire, cependant a pu avoir un résultat uniforme, en donnant dans les deux cas, par la séparation prolongée avec la métropole ; le désir et les facultés d'en rester tout-à-fait séparés ; mais le germe du changement préexistait à ces mobiles accidentels ; ils n'ont fait que faciliter leur développement.

Cette distinction veut être observée, et n'a pas encore été faite avec assez de soin.

La révolution française a eu un cours immense, prodigieux. Elle a été combattue précisément comme il fallait qu'elle le fût pour la faire prévaloir. Elle touchait au terme, lorsque celui qui, pour ainsi dire, l'avait rassemblée tout entière sur sa tête, la joue comme à croix ou pile, ayant l'air d'ignorer ce qu'elle renfermait, ou de la rejeter comme un fardeau. Il n'était que dépositaire, il s'est cru propriétaire incommutable, et il n'a pu être qu'usufruitier à court terme. Avec elle et par lui, l'Europe suivait une direction uniforme ; aujourd'hui elle la cherche ; elle renferme une multitude d'intérêts particuliers, de pouvoirs inquiets dont l'art se borne à transposer quelques poids du bassin d'une balance dans un autre ; mais la direction commune manque ; la question de l'esprit humain était à peu près résolue par la révolution française ; il avait trouvé sa route : par l'échec qu'elle a éprouvé, il a été remis en problême, et les premiers tems qui suivirent les changemens de 1814, en France, en Espagne, en Italie, annoncent assez le sort qui lui était préparé, si, de son côté, il ne se fût pas mis sur la défensive. Il a pu faire craindre de n'être pas attaqué impunément. Lorsque Napoléon eut appesanti le joug sur les peuples qui n'en voulaient pas, et sur les princes qui en voulaient, les premiers forcèrent en quelque sorte les seconds à se servir d'eux contre l'oppresseur commun. Il fallut leur faire violence pour faire accepter le secours de leurs bras. Les peuples qui ne reçoivent pas de grands cordons, de pensions, qui n'ont point de filles à marier grandement, offrirent à ceux qui avaient tout cela, de les délivrer comme souverains, à condition qu'eux-mêmes seraient délivrés comme sujets. En pareils cas, les traités sont bientôt signés; la masse des peuples renversa la masse dont Napoléon disposait. Ce combat des peuples contre un homme eut là le succès qu'ils auront toujours. Le péril passé, d'autres réflexions survinrent. Rien n'était plus curieux que d'observer la marche que l'Europe rendue à elle-même allait suivre. On fut averti de la route qu'elle avait choisie, par l'esprit qui se montra au congrès de Vienne;

et qui paraissait plus voisin de celui du traité de Westphalie que du tems actuel. En attendant, le procès de la révolution française se poursuivait ; toutes sortes d'idées et de principes bien éloignés d'elle étaient propagés ; on s'extasiait sur la générosité qui épargnait les personnes, pour réserver les rigueurs aux principes ; les classes supérieures cherchaient à remonter les degrés qu'elles avaient descendus, et comme ce sont elles qui environnent les trônes, ces assesseurs intéressés les assiégeaient de terreurs égoïstes, et leur montraient leurs vrais sujets de défiance dans ceux-ci même qui venaient de leur servir d'appui. Si des sentimens d'une exemplaire libéralité avaient éclaté sur la plus haute sommité des pouvoirs européens, c'est là que de préférence on eût voulu les assaillir, pour rétablir l'esprit de la souveraineté privative sur les ruines de l'esprit constitutionnel détrôné ; c'est là où l'on tendait évidemment. Il faut observer la manière dont les pouvoirs de l'Europe sont placés : ils se trouvent encore entre les mains des premières classes ; car partout il y a des cours, et partout les

premières classes dominent dans les cours.
Ce que l'on pourrait appeler *l'état - major
de l'Europe* est contraire à un ordre d'égalité et de régularité constitutionnelles qui
lui fait craindre de l'abaissement, et cependant c'est lui qui dispose partout de la force
publique. Il y a évidemment contradiction
entre les instrumens et les mains qui les ma-
nient. En remarquant l'obéissance encore sub-
sistante, on ne peut s'empêcher de remarquer
aussi le désaccord; car il est évident que les
uns font servir les autres à ce qui ne leur
convient pas : contraste qui forme la partie la
plus curieuse du tableau. Du sentiment de
cette fausse position, comme de celui de tous
leurs intérêts, de toutes leurs affections, de
tous leurs souvenirs, a dû se former parmi
ces classes une répugnance contre tout ce qui
porte les couleurs d'un changement. Aussi a-
t-on vu des formules générales d'anathêmes,
lancés au hasard contre tout ce qui s'y rapporte : on cherche à effrayer, on cite les exemples, on montre les liaisons entre les événemens, on menace des conséquences, on voudrait faire sacrifier les vœux des peuples sur les

autels de la peur. De toutes ces contrariétés
s'est formée cette marche incertaine , contra-
dictoire , rétrograde qui se fait remarquer
en Europe des gouvernemens à l'égard des
peuples , promettant , annonçant , essayant ,
reculant et se plaçant comme on le fait lorsqu'on est sorti de son assiette habituelle , sans
en avoir pris une nouvelle et définitive. Lorsqu'un culte nouveau assaillit les dieux du
Capitole, on cherchait à raffermir leurs autels
chancelans , en chargeant les novateurs de
tous les maux qui affligeaient l'empire. On
éloigne de l'Amérique par la menace des
dangers de l'Europe.

C'est dans ces conjonctures que la révolution
américaine s'est présentée aux gouvernemens ;
ils sortaient de celle de la France , l'on pourrait même dire de celle de l'Europe ; elle leur
avait pendant long-tems donné assez d'inquiétude et d'embarras ; ils les trouvaient tous
renouvelés par celle de l'Amérique ; aussi
n'étaient-ils pas moins inquiets dans un cas
que dans un autre ; car ils se trouvaient entre
leurs affections , leurs intérêts , et le vœu des
peuples , trois choses qui n'avaient point de
similitude entre elles.

Si en général l'indépendance, au seul titre de son nom, ne renferme pas beaucoup d'attraits pour les gouvernemens, un surcroît d'indépendance ajouté à celles qui existent déjà, n'est point propre à en créer à leurs yeux. Jamais indépendance ne présenta une plus large surface que celle de l'Amérique ; par elle-même comme par son étendue, elle doit contrarier beaucoup d'idées, d'intentions et d'habitudes ; et cependant, quelque chagrinant que soit cet objet de déplaisir, on ne peut point s'en défaire. Car son éloignement empêche de l'atteindre, sa force le protège, et l'on est trop faible et trop pauvre pour l'attaquer avec succès. D'un autre côté, ce qui peut déplaire, peut cependant être lucratif. L'Amérique indépendante peut offusquer, mais l'Amérique avec un commerce libre peut enrichir. Il serait douloureux de se priver du bénéfice de ce commerce, et de laisser passer devant soi ceux qui, moins timorés, formeraient les premiers liens auxquels cette primauté même attacherait une grande utilité. Telles sont les contrariétés au milieu desquelles les gouvernemens sont placés, ont à se diriger , et qui doivent influer beaucoup sur leurs déterminations à l'égard de l'Amérique.

A côté d'eux les peuples doivent appercevoir la même question sous des rapports différens. Placés d'une autre manière, ils doivent voir autrement. Ils n'ont point d'autorité, de prérogatives, ni d'existence privative à défendre. Que d'autres soient plus libres, ils ne le seront pas moins; une indépendance de plus ne les menace pas de plus de dépendance. Leurs jugemens sont donc entièrement dégagés de tout intérêt personnel, semblable à ceux qui se trouvent ailleurs. Là, on peut craindre de perdre, ici l'on ne peut que gagner. Mais ce n'est pas tout : les intérêts les plus vifs, les plus réels décident les vœux des peuples en faveur de l'indépendance américaine; c'est le désir de leur prospérité qui forme leurs vœux. Cela provient de la direction générale que tout les peuples ont pris vers le commerce, et la richesse qui en est la suite. L'Europe ressemble à une maison de commerce occupée avant tout d'étendre ses relations, et poursuivant les bénifices dans tous les lieux où elle peut les atteindre. Par conséquent un ordre

qui lui ouvre les marchés dont elle était exclue, et des magasins vastes et riches, tels
qu'est l'Amérique, ne peut être que de son
goût, et flatter la passion dominante de la
partie la plus active de ses habitans, qui, sont
les classes commerçantes. On apperçoit là un
mobile général et puissant qui n'a aucune influence hors de cette sphère, mais qui, en re-
vanche, remplit celle-là. Ce qui se passa à l'é-
poque de la découverte de l'Amérique, se re-
nouvelle aujourd'hui. Tous les peuples voulu-
rent y prendre part : de même dans le tems
actuel tous veulent s'associer aux fruits de son
indépendance ; car elle ouvre l'Amérique à
tous ceux pour lesquels elle était restée fermée.
Par l'indépendance, ils y entreront pour la
première fois, mais pour toujours. Par conséquent, il doit y avoir un consentement unanime
de leur part en faveur de cette indépendance.
Les peuples règlent leurs affections sur leurs
intérêts. Or, dans ce cas, ils sont évidens, et
pour ainsi dire palpables. La plus grande partie des Européens n'a point de colonies ; par
l'émancipation de l'Amérique, voilà un supplé-
ment tout fait. La Suède, le Danemarck,

tout le littoral de la Baltique , ainsi que celui
de la mer du Nord , tous pays sans colonies
ou à très-petites colonies, en acquièrent d'immenses par ce changement. Leurs relations
avec ces contrées deviennent directes,et ne sont
plus assujetties au détour de Cadix. Depuis plusieurs années , l'Angleterre a profité de l'ouverture des ports américains pour établir un
très-grand commerce dans cette contrée. Pour
avoir à profiter , la Hollande n'a jamais besoin
que d'une chose , c'est de n'être point exclue.
Dès que le Hollandais peut pénétrer quelque
part, son génie commercial et économe a bientôt
fait le reste. La France, dépouillée de colonies,
éprouve le plus grand besoin de remplacer
cette perte , et ne peut y arriver que par le
commerce avec l'Amérique ; car la propriété
de colonies ne serait pour elle qu'un prête-
nom, une expectative en faveur de l'Angleterre. La première guerre avec elle lui appren-
drait quel est le véritable propriétaire, et si,
dans une telle inégalité maritime, un pouce
de terre , hors du continent , peut lui appartenir en propre.

Le vœu de tous les peuples de l'Europe,

vœu naturel, qui n'a et ne peut avoir rien de factice, puisqu'il porte sur des intérêts positifs, est donc très-favorable à l'indépendance américaine. Il ne peut manquer de l'être, et l'on est forcé de le reconnaître tel, en tenant compte des dispositions générales de l'Europe, qui soupire après le moment dans lequel des relations équivoques, contraintes, mal sûres, seront enfin remplacées par la liberté, la sûreté et la franchise, qui caractérisent et soutiennent le vrai commerce. Dans l'état que la guerre fomente, les dangers, les entraves, l'incertitude, sont partout. Les décrets de blocus sont frappés tour-à-tour par le vainqueur du moment. Morillo a déployé ses rigueurs sur toutes les côtes soumises à son autorité; le vice-roi du Pérou n'est pas moins libéral de semblables répulsions ; le gouvernement espagnol insiste partout pour restreindre les relations : ce qui était ouvert hier, est fermé aujourd'hui; ce qui était fermé est ouvert ; comment faire et se diriger au milieu de tant de versatilité? La nature des choses attache donc les vœux des peuples de l'Europe à la cause de l'indépendance américaine, et à son plus prompt succès, qui les délivrera de beaucoup de gênes.

Nous avons réservé pour la fin de cet article la mention d'une considération qui nous a paru bien puissante et nous pourrions dire décisive , pour faire mettre un terme à la cruelle lutte qui ensanglante l'Amérique : c'est la nécessité de parer à la supériorité que les nègres acquièrent tous les jours dans le pays qui sert de théâtre à la guerre.

Le besoin de se surmonter de part et d'autre a fait recourir à l'affreuse mesure de l'émancipation et de l'armement des noirs. Aujourd'hui les armes sont dans leurs mains. La robuste constitution de ces hommes les rend beaucoup plus propres que les Européens et les Américains à supporter les travaux de cette dure guerre, et les atteintes de ces climats homicides. Le noir se joue d'une partie des maux qui abattent ou tuent les blancs et les créoles. Par conséquent la prolongation de la guerre amenant la disproportion extrême de la perte entre les couleurs , laissera maîtresse du sol celle que la guerre moissonne dans une plus faible proportion. Les nègres resteront donc, comme à Saint-Domingue, en possession des armes et

de la puissance , et par elles du territoire. C'est
ainsi que l'on a procédé à Saint - Domingue.
Or il n'est pas difficile de juger l'usage qu'ils
feront de tous ces avantages. Ces hommes sont
d'une effroyable férocité ; ils précipiteront dans
le même tombeau tout ce qui ne leur ressemble
pas. C'est donc à faire de nouveaux Saint-Domingue, à multiplier les apanages de la Guinée
que l'on travaille, et que l'on aboutira par la
continuation de la guerre. La considération
d'un pareil danger devrait suffire seule pour
faire passer sur tous les autres motifs, afin d'arriver promptement au terme d'une lutte qui
offre un résultat aussi effrayant. Lorsqu'après
avoir long-tems *observé* l'Amérique, on finira
par y appercevoir un état nègre de plus, et
qu'il en sera comme de Saint-Domingue que
l'on ne veut pas admettre, et que l'on ne peut
plus rejetter, n'aura-t-on pas bien sujet de s'applaudir de l'immobilité à laquelle on se sera
borné, tandis que tant d'élémens de désordres
et de destruction se développaient en liberté.
En vérité, y pense-t-on de fermer les yeux sur
de pareils résultats? On retient les militaires qui
brûlent de se réunir aux indépendans. Il fau-

drait au contraire ouvrir toutes les portes, élar-
gir toutes les voies, ajouter à l'élan qui les
porte vers cette carrière.

Puisque l'Amérique est vouée aux combats,
puisque l'Espagne est destinée à y rencontrer
des adversaires, ne vaut-il pas mieux que ce
soient des blancs qui paraissent sur ce théâtre,
que de l'abandonner aux noirs, et de le laisser
occuper par eux? Puisque le sort enlève cette
terre à l'Espagne, victime d'un destin ennemi,
n'est-il point préférable qu'elle ait pour rem-
plaçans et pour successeurs, des hommes
qui tiennent au sang et aux mœurs de l'Europe, plutôt que des hommes qui tiennent à
l'Afrique par les mêmes liens? Il ne faut pas
oublier que dans tout ceci on parle de l'A-
mérique, c'est-à-dire d'une contrée dont la
population est partagée entre plusieurs couleurs, et qu'en définitive il est incomparable-
ment moins important qu'elle appartienne à
une partie quelconque de l'Europe qu'il ne
l'est qu'elle appartienne au sang même et aux
mœurs de l'Europe. Que Saint-Domingue fût
une propriété anglaise ou française, au fond
qu'importait à la masse de l'Europe? de part et

d'autre on était Européen, on ne sortait pas du domaine de l'Europe; mais que Saint-Domingue appartînt aux nègres, là se trouvait un intérêt d'une toute autre nature. Il en est de même pour le continent américain. Quelques-unes de ses parties sont très - chargées de nègres : Vénézuéla en comptait six cents mille ; s'ils prennent le dessus, armés comme ils le sont, qui ira le leur reprendre ?

L'Europe a mis la plus honorable sollocitude à prévenir la multiplication des nègres par la prohibition de nouveaux apports d'esclaves. Il est au moins aussi digne de son attention d'empêcher la multiplication des empires nègres auxquels on est exposé par tout ce qui se passe en Amérique.

C'est d'après les mêmes règles qu'il faudrait favoriser l'émigration en Amérique.

Deux puissantes considérations invitent à le faire :

1°. La garantie pour l'Europe qui proviendra de l'accroissement de la population européenne en Amérique.

2°. L'accroissement de la consommation des objets du commerce européen, par la confor mité des goûts de la population avec ceux de l'Europe.

Les sangs sont fort mêlés dans toute l'Amérique espagnole et portugaise. Le Brésil compte plus de quinze cents mille nègres. Vénézuéla en possédait six cents mille. Au Mexique, sur une population de cinq millions d'hommes, les blancs forment le nombre le plus petit. Il y a donc un grand intérêt à multiplier ces derniers, pour contre-balancer les premiers, et se garantir contre eux. Souvent ils ont été en péril : il pourra se renouveler encore, et surtout avec l'égalité des droits politiques attribués à toutes les classes. L'Europe ne doit pas craindre de s'appauvrir par la cession de quelques-uns de ses enfans. Chaque homme transplanté en Amérique consomme des produits de l'Europe, et par conséquent y fait produire et naître des producteurs. L'Angleterre ne s'est point dépeuplée par les habitans qu'elle a donnés à l'Amérique : de combien de ses habitans celle-ci n'est-elle pas devenue la mère ! Boston, Philadelphie ne contribuent-ils point à peupler Londres et Bristol, en leur commandant sans cesse de nouveaux travaux, poursatisfaireleursnouveauxbesoins.L'Europe est surchargée d'un excédant de population disproportionnée avec ses productions, comme avec les moyens d'occupation qu'elle renferme. Dangereux dans nos climats, où l'oisiveté et le mal-aise les corrompent et les aigrissent, ils seraient de la plus grande utilité sur la terre d'Amérique, dont l'étendue a de quoi les recevoir et les épurer en les occupant. Supposons que les émigrés de la Suisse et des bords du Rhin ou trop pressés chez eux, ou fatigués de fournir le théâtre à des guerres qui les ruinent, parviennent à remplir la Crimée, vers laquelle cette émigration prend son écoulement de préférence : lorsque cette population européenne aura remplacé la population tartare, et substitué les goûts européens aux goûts tartares, l'Europe aura-t-elle perdu ces habitans dont elle a l'air de suivre la retraite d'un œil inquiet? Aura-t-elle perdu à substituer une Crimée européenne à une Crimée tartare ? Laquelle des deux consommera le plus des produits de l'Europe? Lorsque la Russie peuple la Crimée d'Européens, elle travaille pour l'Europe autant que pour elle-même . Multipliez les Pétersbourg et les Moskow dans les déserts de la Russie, et vous verrez si vous ne multipliez pas les ouvriers de Londres et de Paris, les vignerons de la Champagne, les hommes industrieux de tous les pays. Il en sera de même en Amérique. L'Européen désœuvré chez lui, et vicieux par désœuvrement, devient laborieux en touchant le sol de l'Amérique. C'est la terre du travail, tout y rappelle au travail, et contribue à faire des hommes occupés avec les oisifs d'ailleurs. Dans un pareil ordre de choses, qu'a de mieux à faire l'Europe que d'ouvrir toutes les portes à ceux de ses habitans qui aspirent à changer de séjour, et qui vont établir le sang et les goûts de l'Europe dans les contrées où ils n'ont point encore pénétré, où ils sont en minorité? Les espaces que les émigrés cherchent à remplir doivent ou rester déserts, ou se couvrir d'une population étrangère à l'Europe et à ses goûts. Dans ces deux cas, c'est comme s'ils n'existaient point pour elle, et les premiers principes de l'ordre colonial prescrivent de ne s'attacher qu'à des populations adonnées à des goûts que l'Europe soit en état de satisfaire, pour que ces colonies existent pour elle d'une manière fructueuse. Or, c'est ce que doivent produire les émigrations en Amérique, et ce qui doit engager à favoriser ceux qui se dirigent vers cette région.

Ecrits sur la révolution d'Amérique.

Il est bien peu d'événemens qui, par leur grandeur et leur importance, aient été aussi propres que l'est la révolution américaine, à frapper l'attention publique, et à inviter beaucoup d'hommes à s'en occuper. Cependant jusqu'en 1815, cette grande cause paraissait comme oubliée et jetée à l'écart. L'intérêt des scènes qui avaient lieu en Europe l'éloignement du théâtre des événemens, le défaut d'informations positives avaient fait disparaître ou annullé ce sujet à-peu-près aux yeux de toutle monde. Ce ne fut qu'après le retour de la paix, lorsque la toile s'étant levée comme tout-à-coup, l'Amérique, sortant de sa longue éclipse, apparut avec sa face nouvelle, et que l'on put fixer des regards assurés sur le spectacle qu'elle offrait. Depuis ce téms les écrits sur cette ques-

tion se sont multipliés. Les écrivains se sont
divisés, comme il est naturel de le faire sur-
toute matière soumise à l'examen des hommes.
Différer d'opinion, c'est multiplier les chemins
qui conduisent à la vérité ; mais il ne faut pas
s'insulter sur la route ; d'ailleurs jamais injure
n'a éclairci une question. On doit supposer de
bonnes intentions à ceux que l'on combat,
jusqu'au point où leur doctrine interdit les fic-
tions à la bienveillance. L'intérêt de la question coloniale nous a toujours paru si grand,
que nous n'avons jamais cessé de former des
vœux pour qu'elle fût ramenée sous les yeux
du public, et nous attachions bien moins de
prix au mérite intrinsèque de la discussion
qu'à son existence même. Dans l'état actuel de
l'Europe, discuter publiquement est tout : quelque main qui jette un gant, il est relevé, et
cela suffit. C'est ce qui est arrivé dans le cas
actuel. Les combats polémiques se sont en-
gagés à la suite d'autres combats plus sérieux.
Jusqu'ici, sur le papier comme sur les champs
de bataille, l'avantage paraît rester aux fauteurs
de l'indépendance : la fortune se range de leur
côté. Il y a je ne sais quelle étoile favorable aux

indépendans, qui leur prête une couleur at=
trayante qu'elle refuse à leurs antagonistes. Il
existe une opinion généralement répandue sur
la séparation à venir et inévitable des colonies
avec toutes les métropoles. On en parle comme
d'une de ces choses qui sont écrites au livre du
destin. L'Amérique du nord a pris l'initiative
de l'exécution de la prophétie. Saint-Domingue
y a ajouté une effrayante confirmation ; l'Amérique espagnole tend à y mettre le dernier sceau.
On a été surpris par l'époque où l'événement
s'est réalisé ; mais en trompant les calculs sous
un rapport, il les a confirmés sous les plus
essentiels, sur le fond même de ce grand changement. En y regardant de près, on aurait reconnu, d'après ce qui s'est passé depuis vingt
ans, que l'heure était arrivée. Les adversaires
de l'indépendance de l'Amérique n'ont, pas
plus que les autres, pu se soustraire à l'influence
de l'opinion qui assigne un terme à l'union de
l'Amérique avec l'Europe ; mais ils veulent que
l'époque en soit rejetée à d'autres siècles, et
que cette séparation soit précédée d'une foule
de précautions que la paresse, pour se dis-
penser d'agir, décore toujours du nom de sa-

gesse. On veut donc qu'elle soit ajournée ; mais qu'entend-on par cet ajournement? quel terme aura-t-il ? qui le fixera ? qui jugera l'heure opportune? à qui le proposer? à des hommes lancés si avant dans la carrière, qui devraient rétrograder jusqu'au point du départ, et attendre un nouveau signal pour reprendre leur course.

La méthode des adversaires de l'indépendance est de mettre à l'écart toute la question de l'ordre colonial ; ainsi ils ne tiennent aucun compte de l'accroissement de la population, de son mélange, des lumières qui ont pénétré parmi elle, de la force comparative des métropoles et des colonies, des changemens arrivés à Saint-Domingue, au Brésil, aux Etats-Unis ; de la rupture de l'exclusif du commerce des métropoles, et d'une foule d'autres circonstances qui ont affecté de la manière la plus sensible, l'ordre colonial : tout cela disparaît à leurs yeux ; les colonies, sous leurs mains, sont des plaines rases, dans lesquelles on n'apperçoit qu'un point dominateur, la légitimité souveraine. Croirait-on que des intérêts aussi étendus, aussi variés, aient pu paraître devoir être décidés par des considérations personnelles (1). Souvent des discussions publiques offrent à la fois imprudence et faiblesse.

Il y a imprudence, lorsqu'on soulève de ces espèces de questions dont la discussion est délicate, et peut être envisagée sous des rapports bien contraires. Telle est celle de la légitimité : les adversaires de l'indépendance ne cessent d'y rappeler, et, avec les meilleures intentions du monde, ils ne s'apperçoivent pas que ce qui n'est pas exempt d'épines, lorsqu'il s'agit d'une société uniforme, réunie sous d'anciennes lois, sur le même sol, doit en être hérissé lorsqu'on en fait l'application à un monde tout entier, étranger de mille manières aux réclamans.

Il y a faiblesse, lorsque la défense ou l'attaque sont renfermées dans la répétition mono-

---

(1) Souhaitons hautement que l'Espagne triomphe. C'est le moindre dédommagement que nous lui devons ; c'est le moindre témoignage de gratitude que nous puissions donner à une nation dont les armées se sont retirées du territoire français à la voix d'un de nos princes. (Fauchat, pag. 39, *Observations sur l'ouvrage des Colonies.*)

tone d'argumens uniformes, qui ne sont relevés
par rien de ce qui est propre à frapper l'esprit
de l'éclat de lumières nouvelles, ou bien à lui
offrir de puissans motifs de conviction. Or, tel
est l'état de la discussion du côté des adversaires de l'indépendance : ils fuient la question directe, ils se tiennent à des inculpations,
à des dénégations, à des doutes dont il est
possible de faire l'application à toute question
autant qu'à celle des colonies.

C'est ce que l'on pourra remarquer dans la
discussion qui va suivre.

On pourrait la terminer d'un seul mot, et ce
mot serait celui d'Atticus à Cicéron : Que cher-
chez-vous dans le droit, lorsque l'épée est tirée? répondait le premier à l'orateur qui par-
lait de la justice de la cause à laquelle il s'é-
tait attaché, et qui triomphait des torts de celle
de César : il ne faut plus songer qu'à vaincre.
De même en Amérique on combat ; voyons ce
qui produit le combat, et ce qui doit en ré-
sulter. Est-ce donc que ces sortes de causes se
décident comme celles qui divisent les particuliers? Où se trouve le tribunal, et qui peut
contraindre le condamné à subir l'arrêt ? la

question pourrait finir là. Mais il n'est pas besoin de l'écarter par une espèce de fin de non-
recevoir. Ici cette ressource n'est pas nécessaire.

Raisonnons.

Un mouvement général, irrésistible, a, depuis qu'il existe des sociétés, modifié leurs
formes, changé leur face, transporté le pouvoir d'un peuple à un autre peuple, d'un chef
à un autre chef. Que de générations de peuples
et de souverains dorment sous le sol occupé
par des successeurs qui n'eurent jamais rien de
commun avec eux! Dans le monde politique,
rien encore ne s'est montré stable que l'ordre
social lui-même. Les sociétés particulières ont
toutes passé et changé. Il arrive aujourd'hui
à l'Espagne, à l'égard de l'Amérique, ce qui
arriva il y a trois cents ans à l'Amérique à l'é-
gard de l'Espagne : qui avait donné à celle-ci
le droit d'envahir l'autre, de l'exploiter, de
l'attacher à son sort, en dépit des barrières
que la nature avait élevées entre elles? Depuis
quand le ciel a - t - il marqué du sceau d'une
immortalité de pouvoir ou de domaine, le front
ou les propriétés de quelques hommes? Qu'ils

les conservent tant que la nature des choses
leur sert d'auxiliaire , cela sera bon aux autres
comme à eux. Mais lorsque cette même nature
des choses opère le changement ou la séparation , comment crier à la violation de tous les
droits, au danger de toutes les sociétés ? alors
celles-ci ne seraient-elles pas ébranlées bien
plus sûrement par la résistance que l'on tenterait d'opposer à ce cours de la nature, que par
le consentement qui porte à lui obéir et à le
suivre ? Lorsque tant de princes et tant de peuples se précipitant les uns sur les autres , se
sont déplacés avec tant de violence, de manière à faire de ces supplantations alternatives
le tableau presque général de l'histoire du
Monde , est-on venu mettre le holà entre les
combattans au nom de la légitimité qui pro-
hibe ces commotions ? Depuis la création, le
monde a marché, entraînant dans son cours
peuples et royaumes , et ne laissant subsister
que l'humanité et la société. Dans des mouvemens de cette nature , il faut bien distinguer
ce qui appartient à la nature des choses , au
cours général du monde , d'avec ce qui provient simplement d'actions ou de combinai-

sons faites par des hommes, dans la vue de leurs seuls intérêts. Lorsque la république romaine, après avoir conquis le monde, se fut gonflée de richesses, et saturée de vices, qui aurait pu s'opposer au changement du gouvernement républicain en pouvoir dictatorial dans la main d'un seul? Si César n'eût pas existé, un autre aurait pris la place. On eut beau tuer des césars, on ne tua pas leur gouvernement, on ne rétrograda pas à la république, dont tous les élémens avaient été remplacés par ceux de la monarchie. Lorsque Mahomet parut, une partie du monde changea de loi religieuse et politique, avec la même facilité que l'on rejette un vêtement usé. « Une disposition générale dans les esprits et dans les choses avaient préparé les voies à un changement qui a embrassé l'Asie, l'Afrique, et qui s'est enraciné dans ces contrées de manière à en avoir renouvelé la face. Constantin passe de Rome à Byzance; l'empire d'Occident tombe; la puissance des papes remplit le vide. Faibles et désarmés, les maîtres de la nouvelle Rome exercent sur les esprits un empire plus absolu que n'avaient obtenu les maîtres de l'ancienne par le poids de leurs armes. Où se trouvait le principe d'un pouvoir si étendu , sinon dans la disposition générale des hommes et des choses ? quel fut le sort de ceux qui tentèrent alors de s'y opposer ? Luther arrive à son tour , et ravit la moitié de cette puissance. Où résidait le pouvoir de Luther ? dans lui , ou dans les élémens qui composaient l'ensemble des affaires de son tems. On eut beau le combattre , l'arrêta-t-on ? Pendant que les affreux *Tudor* pliaient l'Angleterre sous un sceptre de fer , une nouvelle génération toute de liberté se formait , et , pour ainsi dire , s'élaborait sous leurs échafauds et dans leurs cachots : c'est un des plus singuliers spectacles que présente l'Histoire. Les Stuart arrivent , ils ne remarquent point le changement opéré dans la nation ; ils croient commander aux hommes de Henri VIII et d'Elisabeth , il n'en existait pas un seul dans toute l'Angleterre ; ils périssent dans une lutte prolongée de soixante ans , contre les changemens survenus au milieu d'un peuple qu'ils s'obstinent à méconnaître. Deux siècles après , c'est l'Angleterre qui éprouve une surprise à-peu-près semblable , de la part de ses colonies. Tout se trouvait arrangé de manière à ce qu'il fallût ou périr d'un côté, ou lâcher de l'autre. A quel pouvoir, sur la terre, pouvait-il appartenir de faire que la révolution française n'eût pas lieu? On entend dire souvent que telle ou telle chose aurait prévenu ou empêché la révolution. Empêcher les fleuves de couler, ou les faire remonter à leur source, eût été plus facile. Dans tous ces cas, une main invisible, mais irrésistible, charge lentement la mine; on n'a pas remarqué son action : mille accidens rapprochent une étincelle, l'explosion entraîne tout. Le mal arrivé, il n'y a plus que des désœuvrés qui établissent des querelles sur les antécédens : il faut courir au remède.

Voilà ce qui arrive pour la révolution américaine. C'est une rébellion, disent les uns. Il semble entendre la nature qui répond: Eh non, c'est une de mes grandes époques. *Un monde entier ne se révolte pas, il s'arrange.* On ne se révolte point d'un bout de l'Amérique à l'autre. Qui a pu établir dans toutes les parties de ce vaste continent ce concert de volontés, ce concours d'actions vers un but uniforme? C'est là une de mes œuvres : reconnaissez-y ma main.

Est-ce donc que les hommes agissent ainsi ? On s'était révolté contre moi, lorsqu'on avait attaché un monde entier à une petite portion d'un autre monde. Le tiraillement a usé les liens : je ne fais que venger mon injure, et rétablir les choses dans leur état élémentaire. Le principe de la séparation de l'Amérique avec l'Espagne était placé dans la disproportion de l'Amérique avec elle, dans leur éloignement, dans toutes les différences qui les séparent. Jamais la soumission du grand au petit, du fort au faible, du riche au pauvre, de la virilité à la caducité ne sera durable. Dans vos établissemens vous commencez toujours par oublier les proportions : vous chargez le faîte de l'édifice du fardeau que les fondemens sont destinés à supporter, et vous vous étonnez quand il s'affaisse. Imprudens, vous avez semé les germes, je n'ai fait que les développer. Osez vous plaindre à la fois de votre ouvrage et du mien. Le défaut de tous les raisonnemens faits contre l'émancipation de l'Amérique est celui-ci. C'est de la considérer comme on ferait celle de la Catalogue ou de toute autre partie de l'Espagne qui, jouissant des

avantages communs à toute l'Espagne, voudrait rompre ses liens avec elle. Lorsqu'une
province participe aux avantages de la société
dont elle fait partie, tenter de se soustraire à
l'obéissance commune, serait aussi coupable
qu'insensé. Que dire de l'Orléanais et du Per-
che s'il leur plaisait un jour de déclarer qu'ils
ne font plus partie de la France, et qu'ils se
séparent d'avec elle? Mais est-ce bien là le cas
de l'Amérique à l'égard de l'Espagne? On parle
de l'Amérique comme d'un village, et de sa
révolution comme d'une émeute, tandis qu'elle
se compose d'une multitude d'élémens qui se
partagent entre elle et la métropole. Si l'Inde
se séparait de l'Angleterre, pourrai t-on en parler comme de la séparation de la principauté
de Galles? Il est plaisant d'entendre dire que
l'Amérique est un royaume incorporé à l'Espagne (1), que ce sont des royaumes d'Espa-

____

(1) Noël Delamorinière, inspecteur des pêches
maritimes, auteur de l'*Amérique espagnole, ou Lettres
civiques à M. de Pradt.*
Cet ouvrage fournit une preuve du point auquel peut s'égarer un homme qui ne raisonne que
d'après ce qu'il a appris dans les livres, et qui se tient

gne en Amérique, que le roi porte tel ou tel titre. L'Amérique incorporée à l'Espagne ! Eh bien, elle s'excorpore; la solution de cette union ne coûtera guère, car jusqu'ici il n'y a encore eu que le mot, et tant que le contenant ne devra pas être plus grand que le contenu, l'incorporation n'aura existé qu'en idée. Quels droits confèrent des titres ? qui les a pris, qui les a reconnus ? Combien de titres n'entrent point dans les intitulés d'un grand nombre de

en dehors de la chose dont il traite. Quelque érudition ne suffit pas pour faire un livre ou pour juger ceux des autres. Celui de M. Noël renferme des opinions bien singulières, et qui n'appartiennent plus qu'à bien peu de personnes, sur la bulle du pape, qui donnait la moitié des pays découverts et à découvrir aux souverains d'Espagne et de Portugal, sur l'exclusif du commerce, sur l'utilité même des colonies. M. Noël a l'air de craindre que si les Etats - Unis étaient maîtres de *Terre - Neuve*, la morue ne manquât aux peuples catholiques du midi de l'Europe, comme si les Américains devaient s'interdire cette pêche ou bien en consommer tous les produits ; et par une singulière contradiction, il joint un état des exportations des pêcheries américaines dans ces contrées, qui prouve le soin qu'ils mettent à les pourvoir.

princes, n'ayant de supports que dans leurs armoiries , et de consistance que dans les préambules de leurs édits! En vérité, il est bien superflu de venir dire à des hommes qui sont en armes, qu'ils n'ont point le droit de se montrer ainsi, et que leur attitude est en opposition avec les principes de la souveraineté reconnue et en vigueur à deux mille lieues d'eux.

Il y a des hommes bien singuliers. Par eux l'humanité tout entière est partagée en deux parties. Autorité d'un côté, soumission de l'autre , tous les mobiles de l'esprit et du cœur humain mis à part. Commandement éternel, imprescriptible pour les uns, tutelle sans termes pour les autres. Que l'on soit loin ou près, réunis ou séparés , pauvres ou riches, savans ou ignorans, forts ou faibles, en grand ou bien en petit nombre, cela n'y fait rien. Les parts sont faites, chacun doit se tenir à la sienne.

Dans tous ces cas , l'homme est une espèce de quantité morte, qui n'a de valeur que celle que lui communique l'unité immuable que le destin a placée en tête du calcul.

L'Espagne ne doit s'en prendre qu'à elle-même si l'Amérique se sépare, et passe au divorce avec elle. Pourquoi ne point mesurer ses prétentions sur son pouvoir? En se donnant des colonies grandes et fortes, elle a dû calculer sur ces attributs la durée de l'union avec elle. Lorsque les Philippines auront acquis la population européenne que le tems ne leur refusera pas plus qu'il ne l'a fait aux autres colonies, resteront-elles attachées à une metropole située à six mille lieues d'elles, et leur enverra-t-on des hérauts d'armes pour leur signifier, au nom de la suprématie de l'Espagne, qu'elles aient à ne pas s'apercevoir de leurs accroissemens, et à les sacrifier à la légitimité souveraine des princes qui règnent en Espagne? C'est de ce point fixe, établi par la nature, qu'il faut toujours partir, en laissant à l'écart ceux de l'ordre secondaire, résultant des institutions et des conventions humaines. Et dans ce cas, tout se réduit à savoir ce qu'il faut accepter ou rejeter, et si une ruine complète est préférable à la tolérance que réclame un ordre nouveau.

Par-là on répondrait très-bien à ce qui est assigné contre l'Amérique considérée comme en état de rébellion. Le président des Etats-Unis n'admet point qu'il y ait rébellion, mais seulement une guerre civile entre des partis égaux : la famille s'est divisée ; elle s'est trouvée avoir des intérêts différens. Une partie veut assujétir l'autre, celle-ci ne veut que se séparer : l'Amérique ne demande rien à l'Espagne, au lieu que cette dernière exige beaucoup de l'Amérique. C'est là le cas de la guerre civile, et non point du tout celui de la rébellion. Ceux qui sont si pressés d'alléguer sans cesse des reproches, de répéter des termes offensans, ont-ils calculé jusqu'au bout la théorie de la souveraineté et de la rébellion, d'homme à homme, de peuple à peuple, de monde à monde? Car, en dernière analyse, voilà où l'on en est. L'Amérique n'est pas un département, ou une commune mutine qui rejette un préposé de l'autorité, ou qui se refuse à payer les droits-réunis. Il y a bien autre chose que cela dans le mouvement qui l'agite en sens contraire de celui que l'Espagne veut lui imprimer ou lui conserver.

La séparation de cette contrée n'est pas non plus le produit de cet esprit révolutionnaire que l'on veut faire passer pour le mobile universel et exclusif de tout ce qui se fait dans le

monde. Une guerre civile, fondée sur les motifs les plus puissans d'un côté, et sur des prétentions hors de saison de l'autre, ne présente
rien de ce qu'il faut entendre par le mot d'esprit révolutionnaire, qui n'est autre chose que
l'opposition aux principes régulateurs des sociétés, en un mot, la voie ouverte à l'anarchie.
Mais qu'a de commun la révolution de l'Amérique avec cet esprit? en aperçoit-on une trace
dans aucun des actes qui sont émanés de ces
gouvernemens naissans? Ils sont républicains,
il est vrai, mais on n'est pas révolutionnaire
pour être républicain : les Etats-Unis ne ressemblent guère à des révolutionnaires. Les diverses constitutions proposées ou adoptées en
Amérique sont des ouvrages égaux, sinon supérieurs aux actes correspondans qu'a produits
l'Europe. La religion, la législation, les mœurs,
l'ordre public y trouvent autant de garanties
qu'on peut leur en donner ailleurs. Où donc
est cet esprit révolutionnaire, auteur de tous
les maux, objet de tous les anathèmes? Il serait
bien tems de mettre un terme à de vagues inculpations, incapables de rien prouver, mais
très-capables d'irriter, et qui semblent n'être

employées que pour remplir le déficit de bonnes
et solides raisons. Les adversaires de l'indépendance soutiennent, 1°. que l'Amérique n'est pas
mûre pour l'indépendance ; 2°. que ses facultés
ne sont point au niveau de ses prétentions, et
qu'elle a encore besoin de tuteurs et d'une
édu cation préparatoire pour arriver à l'émancipation.

Ceci exige plusieurs distinctions.

1°. Rien n'est plus propre à égarer que cer-
taines comparaisons : il n'y a rien de commun
entre l'effervescence qui porte la jeunesse vers
l'émancipation , et le mouvement qui porte un
peuple entier vers l'indépendance. Parmi les
premiers, souvent les plus pressés de se soustraire aux lisières, sont ceux-là même qui auraient le plus besoin de leur maintien salutaire.
Il n'en est pas de même chez les peuples : pour
eux , le désir de l'émancipation provient toujours de deux causes positives, et bien réelle-
men t existantes. Leur force et l'excès des maux.
Lorsque le joug est reconnu trop faible ou trop
lourd , il est brisé. C'est ce qui a dirigé les
Américains vers l'indépendance. Ils ont à la
fois senti leurs forces et leurs maux. Ils ont

fait l'application des unes à la fin des autres.

Les divers états de l'Amérique ont-ils une population et des lumières suffisantes pour constituer des états indépendans? Voilà la question véritable.

1°. La population de chaque état égale ou surpasse celle de plusieurs états indépendans de l'Europe. Une population de 17,000,000 d'hommes est répartie entre ces états.

2°. Les arts, les sciences de l'Europe ont pénétré dans toutes les parties de l'Amérique. Voyez ce que M. le baron de Humboldt en a écrit dans son voyage à la Nouvelle-Espagne. Tous les actes, tous les écrits parvenus de l'Amérique n'ont rien d'inférieur avec ce que l'Europe produit de correspondant.

3°. Les Américains sont aujourd'hui sur terre et sur mer les vainqueurs de ceux que l'on veut leur donner pour tuteurs. Que manque-t-il à Buénos-Ayres pour lui faire regretter la tutelle de l'Espagne? Tout ce que l'on connaît de son gouvernement est marqué au coin de la raison et de l'énergie. Le Chili, le Pérou, le royaume de Grenade, Vénézuéla ont de même tout ce qu'il faut pour des gouvernemens réguliers. Bannissons tout déguisement, toute ambiguité ; c'est l'empire que l'on veut d'un côté, et que l'on repousse de l'autre. Croit-on de bonne foi que ce soit comme institutrice ou comme maîtresse que l'Espagne se présente à l'Amérique, qu'elle la considère comme une terre à éclairer où bien à exploiter ? L'Amérique sera-t-elle plus favorisée dans son développement par un régime créé et fomenté par elle, ou par celui qui serait importé d'Espagne ? L'autorité de l'Espagne pouvait suffire à maintenir la bonne harmonie entre les couleurs différentes qui peuplent l'Amérique, lorsque la population de celle-ci était faible, et le prestige de son propre pouvoir encore entier. Mais depuis que l'une a augmenté, et l'autre diminué, le résultat ne pourrait plus être le même.

4°. On ajoute que l'Amérique, partagée en plusieurs états, sera sujette aux guerres fréquentes que cause la multiplicité des souverainetés. Faut-il donc que le monde appartienne à un seul pour lui garantir la paix ? L'Europe a donc eu tort de se soustraire à l'empire français pour rester partagée entre plusieurs souverainetés jalouses l'une de l'autre. Le monde a eu

tort de s'arracher à l'empire de Rome. En prenant tout, elle avait tout pacifié, et l'absence
d'ennemis aurait tenu les portes du temple de
Janus éternellement fermées.

Il y aura des guerres entre les etats de l'A-
mérique, il est vrai ; mais ces guerres seront
pour des querelles de l'Amérique, au lieu que
ce sont des querelles de l'Europe qui aujour-
d'hui lui donnent la guerre.

La guerre n'empêche point de fleurir : voyez
la France, la Lombardie, la Belgique, l'Angleterre. La nature, si bienfaisante, si généreuse à l'égard de l'Amérique, a , par l'inter-
position de grandes barrières, pourvu en sa
faveur à la diminution des rigueurs de la guerre.
Ses montagnes et ses fleuves séparent les
hommes et les états de manière à tempérer
beaucoup les effets de leurs collisions. Après
s'être montrée plus grande dans le Nouveau-
Monde qu'elle ne l'a fait dans l'ancien, elle s'y
est montrée aussi plus humaine, en refusant
pour ainsi dire aux hommes les champs de bataille qui abondent ailleurs : ce ne sera guère que
sur mer que les guerriers américains pourront se
rencontrer. La configuration de la contrée leur

interdira presque toujours l'offensive, en leur donnant une facilité extrême à se défendre, au moyen des montagnes et des fleuves, derrière lesquels il est difficile d'être forcé à combattre.

5₀. On menace l'Europe de la concurrence de l'Amérique : dans quel genre? dans combien de siècles? comme si l'Europe ne devait pas, de son côté, faire des pas dans la carrière. L'Amérique sera plus riche et plus peuplée, c'est autant de gagné pour l'Europe. La richesse d'un pays fait toujours celle de l'autre. Les arts apportés à Pétersbourg, établis en Russie, ont-ils nui à ceux de Paris et de Londres? Depuis que les Etats-Unis se peuplent, s'enrichissent, se couvrent d'ouvriers, les fabricans de l'Angleterre, les cultivateurs de la France ont-ils dû cesser leurs travaux, fermer leurs atteliers? Au contraire, n'ont-ils point dû les augmenter? Buénos-Ayres avait acquis soixante-dix mille habitans, Lima soixante mille. Pendant ce tems, Cadix et Barcelonne ne prenaient-elles point des accroissemens parallèles? Sûrement, avec le tems, les arts s'établiront aussi dans toutes les parties de l'Amérique; mais ils auront à suivre les degrés de la population, qui aura long-tems encore besoin du secours de l'Europe. Les arts ne se montreront avec étendue que lorsque la culture sera généralisée sur tout le territoire. Ils ne forment que la partie secondaire des états qui s'établissent; partout les laboureurs furent les aînés des artisans, et pendant bien des siècles encore la charrue sera le vrai sceptre de l'Amérique.

6°. On élève des doutes sur les avantages promis au monde par l'émancipation de l'Amérique; on excipe des résultats défavorables qu'ont eu quelques entreprises commerciales tentées dans les contrées indépendantes.

Il semble que des pensées pareilles n'auraient jamais dû se présenter à l'esprit d'hommes qui auraient réfléchi sur l'état comparatif de l'Europe, avant et après les établissemens coloniaux, avant et après la formation des Etats-Unis. Dans l'état incomplet, informe pour la plus grande partie, dans lequel se trouvaient encore les colonies, elles n'avaient pas moins contribué à l'augmentation de la population et de la richesse de l'Europe. Plus de dix millions d'Européens vivaient des colonies, et par conséquent étaient produits par elles : que

sera-ce donc lorsqu'elles auront atteint le degré de perfection auquel l'indépendance ne peut
manquer de les faire parvenir ? Que pourra-t-il
leur manquer, lorsque, par cette indépendance,
elles auront acquis une administration propre,
toujours présente au milieu d'elles, et la liberté
de leurs relations avec l'univers ? qui pourra
arrêter le développement de leur prospérité ?
Lorsque ce sol, si abondant en productions de
toute espèce, dont le sein semble formé des
métaux les plus précieux, sera habité par une
race nombreuse, exploité par des mains libres,
exercées à toutes les pratiques de l'industrie,
quel ne sera pas le produit acquis par ce nouveau travail ? Que de conquêtes en tout genre
ne reste-t-il point encore à faire sur un sol dont
on ne connaît parfaitement qu'une petite partie ? Lorsque toutes les côtes de l'Amérique
situées sur l'Océan-Pacifique, se seront mises
en relation directe avec toutes les contrées asia-
tiques, la population et la richesse de ces
bords n'acquerreront-elles pas une augmen-
tion incalculable ? et l'Europe n'aura-t-elle pas
nécessairement part à ces accroissemens de fortune ? Dès que les Européens pourront y abor-

der ; ne seront-ils pas admis au partage ? Que, l'on cesse de répandre des doutes qui n'ont d'appui que dans des distractions réelles, ou bien affectées par l'intérêt. Si quelques spéculations ont été infructueuses ou défavorables, d'autres ont répondu à l'attente des entrepreneurs : la route était nouvelle, la mesure des besoins inconnue. C'est le sort commun des nouveaux établissemens : la mer engloutit chaque année beaucoup de navires et de matelots : faut-il pour cela interdire la navigation, et cesse-t-elle d'être une source de richesses ? Les doutes sont bien dissipés par les faits eux-mêmes. Car à mesure que les conquêtes de l'indépendance se sont étendues, celles du commerce ont augmenté. Au moment où l'armée de Buénos-Ayres pénétrait dans le Chili, les magasins de cette ville se vidaient, et suivaient la marche de l'armée : on demandait à Londres de remplir le vide, et dans ce moment une partie notable de l'industrie anglaise est occupée à pourvoir aux besoins de l'Amérique espagnole.

7°. Enfin, et comme pour dernière ressource, on menace l'Europe de la perte de toutes ses colonies, entraînées dans le tourbillon de la révolution américaine.

Il faudrait d'abord bien s'entendre sur le mot perdre, et faire déterminer sa valeur véritable. S'il arrivait qu'en faisant ce qu'on appelle *perdre des colonies*, on eût fini par *gagner*, ainsi qu'a fait l'Angleterre en perdant les Etats-Unis, qu'aurait d'effrayant cette menace ? ne peut-il pas y avoir des pertes lucratives ? celle des colonies n'est - elle pas de ce nombre ? L'Europe apprendra, par ce qu'elle gagnera, qu'elle n'a rien perdu par la perte de ses colonies. On fait du mot perte le synonyme de *destruction*, comme s'il s'agissait d'anéantir les colonies dans le tems qu'il n'y a que partage, séparation, modification de mode de gouvernement. C'est là le principe de l'erreur, on s'alarme à défaut d'avoir suffisamment réfléchi.

Ensuite il faut savoir s'accoutumer à l'idée de la séparation complette de toutes les colonies avec l'Europe : elle est inévitable ; les circonstances décideront de l'heure, et il n'est pas difficile de voir qu'elle se rapproche beaucoup. Lorsque les Etats-Unis réuniront une population de vingt millions d'habitans, ce qui aura lieu au plus tard dans vingt ans, comment l'Angleterre défendra-t-elle, contre eux, le Canada et Terre-Neuve? Pour cela, il faudrait arrêter l'essor de la population américaine. Dans un pareil ordre de choses, ce qui n'arrive pas un jour, arrive infailliblement le lendemain. Il pourra y avoir, pendant quelque tems, un peu plus de facilité à maintenir la dépendance des petites colonies insulaires; mais alors il y aura un autre calcul à faire, celui de savoir quelle valeur elles conservent au milieu de la rupture du système général des colonies.

Au reste, toutes ces objections supposent une question antérieure, et qui suffit seule pour répondre à tout, celle de la possibilité. Il ne s'agit plus de se demander quels seront les effets de la révolution de l'Amérique, mais si l'on peut s'y soustraire, et par conséquent quel parti la raison dicte dans un ordre de choses nécessaire et nouveau. Ce parti ne peut plus être que de mettre un terme à une lutte qui nuit à tout le monde, et à des massacres qui ne servent plus à rien. Car c'est à cela que se réduit toute la guerre de l'Espagne contre l'Amérique. La première se ruine, achève de s'abîmer. La seconde s'appauvrit en hommes, qui sont la richesse dont elle manque le plus. D'un autre côté, l'Europe se ressent péniblement de ces désordres ; il y a gênes et souffrances pour tous. Arrivés à ce point, nous dirons avec confiance aux adversaires de l'indépendance : Donnez désormais une autre direction à vos efforts. Ils ne se rapportent plus à ce qui existe. Ne travaillez plus qu'à reporter la paix sur des contrées dévastées trop longtems, qu'à faire tomber les armes de mains qui se souillent d'un sang dont l'effusion est d'autant plus odieuse, qu'elle n'a plus d'objet. Bannissons toute provocation, toute insulte d'une cause où les pères combattent pour épargner à leurs enfans le joug qu'eux-mêmes ont porté. Du sein des jouissances de l'Europe, nous courons risque de mal apprécier les souffrances de l'Amérique. On forma notre enfance à l'admiration du dévouement qui affranchit quelques cités de l'Italie et de la Grèce ; et l'on n'aurait que des outrages à adresser à ceux qui affranchissent un monde entier ! Pendant quelque tems, on traita aussi de rebelles Washington, Francklin, Adams. Aujourd'hui, qui

voudrait avoir prononcé ces blasphêmes contre ces hommes au cœur pur comme la morale,
à l'esprit pénétrant comme la lumière, bril-
lante constellation de l'Amérique, qui ont tracé
devant un peuple nouveau le sillon de gloire et
de prospérité dans lequel il marche avec assurance et rapidité ? Dans quelques siècles, lorsque tout aura repris sa place naturelle, que res-
tera-t-il de déclamations contraires à l'humanité, au bonheur de grandes nations ? Quels
noms seront prononcés ? ceux qui auront im-
ploré l'humanité de l'Europe en faveur de l'A-
mérique, ou bien ceux qui lui auront demandé
des armes contre elle ?

Comment faire trouver place à de froides
dérisions en traitant d'intérêts si vastes, en
présence de douleurs si profondes ? (1)

____

(1) Voyez ce qu'en Angleterre *le Courier*, en France
la Quotidienne et *le Journal des Débats*, n'ont pas cessé
depuis un an d'écrire sur les affaires d'Amérique ; avec
quelle absence de gravité ils ont traité d'une matière
aussi grave ! avec quelles plaisanteries du plus mauvais
goût ils ont cherché à égayer le sujet le plus sombre

Dans ce siècle, qui a vu s'élever et qui voit
s'aggrandir tous les jours le trône de l'opinion

et le plus important qui fut jamais!... A les entendre,
tout ce qui combat en Amérique sont des brigands...
tout ce qui passe en Amérique sont des aventuriers,
des hommes qui manquent à l'honneur, au devoir,
qui compromettent l'honneur de leur pays. Quelque
discorde éclatant parmi les indépendans, aussitôt de
crier à l'anarchie, à l'esprit révolutionnaire. Pizarro,
Almagro et tant d'autres, ne furent pas toujours d'accord, et leur division n'empêcha pas la conquête....
Quelques complots ont eu et auront encore lieu. Le
complot d'Arnold ne perdit pas la liberté des Etats-
Unis... On suppose, on le sait bien, des lettres pour
jeter de la défaveur sur la cause des indépendans. Quelques aventuriers viennent en Europe se mettre à la
solde *de qui de droit*, et publient des rétractations de
leurs erreurs, pour nous induire nous-mêmes en erreur. Comme toutes ces pratiques sont viles ! Que
font elles au fond des choses? Lorsque la vérité vient à
se découvrir, quelle opinion peut-il rester en faveur de
ces moyens et de leurs auteurs? Disons la vérité,
quelle qu'elle soit. Tout ce que nous pourrons dire
ne changera rien à l'événement, et ne nous déshéri-
tons pas des consolations qui appartiennent à la pro-
bité.

publique, ministres de cette reine du monde, réunissons-nous pour assurer le triomphe de l'humanité et de la raison : portons de concert au pied de tous les autres trônes, les remontrances de l'une, les suppliques de l'autre ; ne cessons pas de faire entendre leur voix. Les chemins pour y parvenir s'élargissent tous les jours ; un sentiment général de justice s'est introduit auprès des princes ; ils s'honorent de l'humanité, de la bonne-foi, de l'équité ; l'emploi de la force se décrédite de jour en jour ; les glaives s'émoussent visiblement, l'ordre civil prévaut ; bientôt les armées ne seront plus destinées qu'à repousser, comme au tems des Romains, les barbares loin des frontières ; ces dispositions vraiment généreuses invitent à demander aux dépositaires des forces des nations d'employer leur pouvoir pour fermer à la fois une des grandes plaies de l'humanité, et le gouffre dans lequel l'Espagne précipite les débris de sa puissance. Lorsqu'elle fit la première conquête de l'Amérique, elle occupait le premier rang parmi les puissances de l'Europe : lorsqu'elle doit faire la seconde, on l'aperçoit au dernier, et dans cet état de déclin, c'est lui rendre le plus important service que de l'engager à mettre un terme à des tentatives dont le résultat ne peut plus que retomber sur elle.

Nous croyons faire plaisir à nos lecteurs et remplir un devoir à l'égard des Français en joignant à cet écrit les pièces suivantes, dont l'authenticité ne nous laisse aucun doute :

EXPOSITION

De tous les travaux du gouvernement suprême des provinces unies du Sud - Amérique pendant l'administration actuelle.

Les élémens qui, depuis 1810, avaient causé successivement des malheurs, et qui avaient arrêtés les progrès d'une cause aussi noble, se conjurèrent encore à la fin de 1815, pour nous causer la dernière affliction. La faible force que nous avions sauvée de la malheureuse journée de *Sipésipée*, menaçait de se disperser. L'armée qu'on organisait dans la province de *Cuyo*, pour attaquer le *Chili*, ne se regardait pas en sûreté dans son camp. Les ennemis, orgueilleux de leurs victoires, combinaient leurs plans pour envelopper les peuples qu'ils menaçaient déjà par des points différens, sans que nous pussions nous flatter

que notre résistance pourrait nous sauver de tant
de dangers. Le trésor national était dans l'impossibilité non-seulement de satisfaire ses engagemens ,
mais il était sans aucuns moyens de pourvoir aux
besoins les plus pressans. L'esprit public avait perdu
de vue les dangers communs , et il s'occupait exclusivement des fausses théories qui le menaient à chercher *la liberté dans la dissolution des liens de la société.* La discorde s'était emparée de tous les cœurs ,
et avait démoralisé tous les sentimens honnêtes et
généreux. La valeur et le courage étaient employés
à la destruction mutuelle des citoyens de la même
patrie , et on n'épargnait ni les amis ni les parens. La
subordination militaire était méprisée par le dernier
subalterne , l'autorité n'était considérée qu'autant
qu'elle correspondait avec la licence , l'erreur ou le
crime. Il me coûte de le dire , mes compatriotes ;
mais je dois être franc quand j'ébauche l'horrible tableau que notre patrie présentait à la vue des autres
nations. La manifestation de ses propres défauts ne
déshonore jamais quand on la fait dans la ferme et
vertueuse résolution de s'en corriger. Ce n'est pas
moi , le premier ami de la patrie , qui a versé publiquement des larmes à cause de notre précédente et
malheureuse situation ; excusez-moi donc en raison
du but que je me propose.

(179)

La calomnie triomphait en déchirant la réputation
des citoyens les plus respectables. La capitale de
l'Etat qui avait conservé une certaine dignité au milieu des évènemens les plus difficiles, avait déjà l'air
d'un foyer des passions de tous les peuples. Tous les
partis étaient en présence, les haines profitaient du
danger commun, pour exercer leurs vengeances respectives, en s'attribuant les uns aux autres la cause
de leurs disgrâces, et en inspirant les soupçons les
plus injurieux.

Le grand peuple de Buénos-Aires, auquel on ne refusera pas le mérite de s'être appauvri pour porter
des secours aux peuples ses confrères, dans cette
lutte glorieuse, qui n'a jamais été jaloux des lauriers
qui ne lui appartenaient pas, et qui n'employa la violence que pour empêcher qu'on ne rompît les liens
qui rendaient notre pouvoir respectable, ce grand
peuple fut dans le cas d'une terrible réaction, dont
le succès aurait suffi pour détruire les fondemens
du crédit et l'existence de la patrie. L'*anarchie*, en
un mot, avait mis l'Etat dans une conflagration universelle.

Cependant quand on pouvait croire que nos malheurs ne pouvaient pas augmenter, les troupes por-
tugaises se présentèrent sur nos frontières, au bord
septentrional de notre rivière, dans l'intention de

profiter de nos discordes, dont les causes n'étaient
pas étrangères à cette cour voisine. Voilà un nouveau
danger et un nouveau champ pour la défiance et pour
les haines, qui devait rendre suspecte la loyauté
même. Il n'est pas facile de faire le tableau parfait de
nos désastres, ni faire l'énumération des risques dont
votre constance a triomphé. Vous savez que nos
maux ont commencé à s'affaiblir, quand on avait
perdu l'espérance du remède. Le congrès de Tucuman venait d'être installé, les peuples lui avaient
confié leur salut. Ceux qui étaient destinés à être
leurs législateurs et à fixer leurs destinées par la sagesse de leurs conseils, furent obligés plusieurs fois
de braver les dangers avec intrépidité, pour empêcher qu'on ne profanât pas le dernier asile qui restait
à la patrie. La fermeté, l'intégrité et la prudence de
cette corporation auguste donnèrent aux provinces
l'agréable spectacle d'une autorité qui s'attirait la soumission en faisant valoir, plutôt que les droits de sa
noble origine, le zèle ardent et la vigoureuse énergie
qu'elle avait déployés dans les premiers pas de sa
noble carrière. Les passions étaient forcées de cacher
leurs sinistres desseins, et si quelques peuples avaient
l'audace de tenter de nouveaux excès, la célérité avec
laquelle ils étaient comprimés ne laissait à leurs auteurs que le tems nécessaire pour profiter de sa clé-

mence. Malgré cela, les séditieux voulaient faire en-
dormir la surveillance, et ils cherchaient l'occasion
d'insulter tout ce qu'on devait respecter. C'est dans
cette crise que la représentation souveraine daigna
me charger de l'honorable mais terrible devoir de diriger l'Etat. J'avais commandé plusieurs fois ; j'avais
trop éprouvé les amertumes des places éminentes,
et on a dû regarder comme un sacrifice mon obéissance. Membre alors du corps souverain, j'avais la
connaissance intime de la masse énorme de maux
qui pesait sur moi ; mais ces mêmes maux comman-
dèrent ma soumission à la volonté souveraine, au
milieu de toutes les craintes et de toutes les alarmes.

Il n'était pas possible que je n'eusse pas des ennemis, et la calamité des tems devait me faire craindre
que le choix de ma personne offrirait un nouveau
motif à des convulsions nouvelles. Je fus obligé de
conquérir les cœurs de mes ennemis, mais cela ne
coûtait rien au mien ; je devais prouver que je n'ap-
partenais qu'à la cause publique. Du sein du congrès
souverain, je partis investi de la dignité de chef suprême à la province de *Salta*, et j'eus le bonheur de
terminer les troubles qui avaient divisé le peuple et
l'armée, et les élémens qui ont donné aux *Saltains*
une glorieuse renommée. Je continuai ma marche
jusqu'à l'armée ; j'examinai sa situation, je reconnus

les fortifications ; et ayant donné les ordres convenables , je suis retourné à Tucuman , où j'ai eu la glorieuse satisfaction d'avoir activé l'acte mémorable de notre indépendance. Je suivis ma marche jusqu'à la capitale de Cordoue, où le général Saint-Martin devait m'attendre pour combiner les plans nécessaires pour arracher le *Chili* du pouvoir des Espagnols. De Cordoue, avec quelle inquiétude je tournais mes regards vers ce peuple agité de Buénos-Aires! Répondez, mes chers compatriotes , dites si mes craintes étaient fondées, et permettez que j'attire votre attention vers les premiers jours de mon arrivée dans cette capitale, sans égard aux dangers de toute espèce qui me menaçaient dans mon trajet. Combien de passions ! combien d'intérêts opposés ! Ma résolution était prise, et je me suis empressé à remplir mes sermens.

J'avais annoncé aux peuples que j'avuis oublié tout ce qui s'était passé, et que je récompenserais le mérite partout où je le trouverais. Citoyens, je n'ai jamais manqué à ma parole, et je n'aurai jamais le moindre motif de me repentir de cette conduite ; c'est elle et vos vertus qui ont soutenu les autorités publiques contre l'audace des novateurs les plus déterminés : ces mêmes autorités ont fait changer en serviteurs de l'État, ceux qui auparavant étaient mes ennemis ; elles ont rendu complète l'obéissance aux pouvoirs légitimes ; et, par leurs soins, l'amour de l'ordre est devenu l'esprit public des provinces dont la destinée m'est confiée. J'inspirerais une fausse sécurité, si j'avançais que notre ouvrage est déjà consolidé, au milieu des passions, de l'égarement et de l'inconstance. Le siècle dans lequel nous vivons fournit une foule d'exemples des fausses combinaisons de la politique ; mais malheur à ceux qui méditeraient de nouvelles scènes désastreuses pour la patrie ! Il esr permis d'espérer qu'à l'avenir il sera plus facile de contenir et de guider les esprits.

Etouffer l'anarchie, c'était alors un des premiers soins ; mais bien d'autres se présentaient en foule, et appelaient notre attention. L'ennemi menaçait de près les provinces de l'intérieur avec des forces trèsnombreuses ; il était impossible de réunir les nôtres, faute de ressource pour traverser plusieurs centaines de lieues, et parce qu'elles occupaient des positions qu'il fallait garder. Mon cœur souffrait les plus grands tourmens ; je devais opter entre deux extrémités également dangereuses, ou abandonner les peuples de l'intérieur et l'armée qui les couvraient, ou renoncer à reconquérir le Chili, en exposant en même tems la province de Cuyo à être subjuguée. J'adoptai enfin ce parti, que le courage m'inspirait, et je rendis inutiles les plans des généraux Lascrna et du président

Marco. L'armée patriote contre laquelle celle de Lima devait opérer, fut rapidement renforcée; j'obtins le rétablissement de l'ordre et de la discipline, qu'on avait abandonnés dans les tems de l'adversité.

Vous voyez l'état de nos forces, leur subordination et notre pouvoir; et vous auriez vu des choses bien surprenantes, si l'ennemi qui fuit, déjà battu et humilié, n'avait pas trouvé un rempart dans la province de *Salta*.

L'armée de *Cuyo* fut renforcée par des régimens envoyés de cette capitale : on en créa d'autres avec la plus grande rapidité, et on prit toutes les mesures pour l'audacieuse entreprise d'escalader les *Andes*, et dont l'exécution a dû étonner les nations. Nous avons épouvanté nos ennemis, et gagné la gratitude, et l'amitié de nos frères de *Chili*; nous avons élevé enfin, à la patrie, le beau monument qui atteste sa gloire et sa force.

L'armée de cette capitale s'organisait en même tems que celle destinée aux Andes et celle de l'intérieur des provinces; la force de la ligue s'est doublée; les milices civiques ont perfectionné leur discipline; les esclaves sont formés en bataillons, et s'exercent dans les évolutions militaires, en les rendant compatibles avec les devoirs de leur condition. La capitale ne doit plus craindre qu'une armée de *dix mille* hommes fasse chanceler sa liberté, et les mesures sont prises pour le cas où la fureur des Espagnols *péninsulaires voudraient en doubler le nombre.*

Notre marine est réparée, et augmentée de manière qu'elle pourra défendre nos côtes et nos fleuves.

L'armée est animée partout du même esprit ; la tactique est uniforme ; nous avons adopté les lumières et l'expérience des nations les plus belliqueuses : nous avons des arsenaux et des parcs immenses, pour soutenir la lutte pendant plusieurs années, malgré que nous ayons fourni plusieurs articles aux peuples qui jusqu'à présent n'appartiennent pas à l'UNION. L'immensité de nos forces nous était inconnue.

L'état-major général donne une direction uniforme aux armées, et forment toutes les branches de l'administration militaire, et le système de former des officiers habiles, qui doivent être un jour l'honneur et les soutiens de la patrie.

Les finances se sont améliorées ; nous avons fait face à tout, et avons trouvé les moyens de satisfaire les créances passives de l'Etat, qu'on regardait déjà comme perdues : les contributions pèseront dorénavant sur toute la masse des peuples ; nous avons amorti plus de 288,000 piastres depuis mon décret du 29 mars dernier.

Nous avons soulagé les peuples de plusieurs impôts personnels, ou qu'on exigeait de classes déterminées, et qui rendaient odieux le gouvernement : on en supprimera successivement d'autres, sans avoir recours à des emprunts toujours funestes à l'État ; et la réponse que nous donnerons aux censures, sera de faire le bien autant que cela est possible à l'imperfection des hommes.

Nous ferons renaître l'abondance, les riches établissemens déjà réalisés sur nos frontières du Sud et dans des champs fertiles accordés gratuitement aux malheureux habitans des campagnes : ils ont reçu aussi les moyens de les cultiver et d'en retirer les plus grands bénéfices.

Le collége de l'*Union du Sud*, ci-devant Saint-Charles, doit répandre des lumières dans tous les peuples, d'après les vastes plans d'enseignement général que nous avons adoptés.

Le grand parc de réserve dans l'intérieur, doit inspirer la terreur à nos ennemis, plus que nous ne devons craindre leurs jactances.

J'ai déjà dit plus d'une fois les difficultés qui ont entravé mes démarches *dans la direction des relations extérieures* ; et si j'avais cédé aux suggestions des partis, la rupture avec la nation notre voisine aurait été inévitable. Ma fermeté nous a conservé les droits , en toute intégrité , du territoire envahi. Les voies pacifiques produiront toujours des effets plus salutaires que les moyens violens dont je ne ferai usage que quand cela sera commandé par l'honneur ou par le danger de notre patrie.

Rappelez-vous , compatriotes , qu'il fut un tems que les provinces étaient menacées de la subversion la plus complète.... Je renonce au droit que je pourrais avoir à la gratitude publique. , . . . Que les ennemis de votre nom admirent vos vertus ! que les nations ne dédaignent pas de vous compter dans leurs rangs !... Félicitons-nous des biens que nous avons conquis , et faisons voir au monde que nous savons profiter des leçons du malheur.

Buénos–Ayres , 21 juillet 1817.

JUAN MARTIN PUEYRREDON.

Imprimerie de l'indépendance.

CORRESPONDANCE.

NUMÉRO 1.

En mer, à bord de la frégate
de Sa Majesté *la Flore*, le
2 octobre 1819.

A M. le général Pétion.

Général,

Le drapeau que vous avez défendu long-tems avec courage, a été arboré avec enthousiasme depuis plus de deux ans, sur toutes les terres de l'ancienne obéissance du Roi; Saint-Domingue seul est en retard aujourd'hui, et le cœur de Sa Majesté s'en trouve douloureusement affecté. Occupé à réparer les malheurs qui ont été la suite de l'oubli du devoir envers lui, ce bon prince veut réunir tous ceux qui composent sa famille, et ses enfans de Saint-Domingue ne lui sont pas moins chers que ceux qu'il a retrouvés en Europe.

Les tentatives criminelles de l'usurpateur et les maux qu'elles ont occasionnés, ont retardé l'exécution des projets du Roi; aujourd'hui que son retour a rendu la sécurité et la paix à l'Europe, que l'ordre est rétabli dans le royaume, Sa Majesté nous a ordonné de nous rendre à Saint-Domingue pour nous

concerter avec ceux qui sont revêtus de l'autorité,
sur les moyens à employer pour rendre à ce pays la
sécurité dont il ne peut jouir dans un état précaire ;
légitimer en son nom ce qui a besoin de l'être ;
reconnaître les services et les soins de ceux qui ont
rétabli et maintenu l'ordre dans la colonie ; consolider par sa volonté royale, les institutions et les changemens survenus dans l'état des personnes et des
choses, que les événemens peuvent avoir rendus
nécessaires dans cette île, et qui ne sont incompati-
bles ni avec la dignité de sa couronne, ni avec l'intérêt bien entendu de la colonie et de la métropole.

Les désastres qui ont désolé Saint-Domingue, les
malheurs publics et particuliers, tout a été connu du
Roi : rien de ce qui tient à la gloire du nom français
ne lui est échappé ; tout ce qui a pu la ternir est sorti
de sa mémoire. Placé plus heureusement que les provinces de France, Saint-Domingue, ravagé aussi par
l'homme qui a tant abusé du pouvoir, s'est séparé de
la France aussi long-tems que la France a été séparée
de son Roi. Sa Majesté n'ignore pas que si d'une
part les habitans de cette île ont constamment résisté
à l'usurpation, ils n'ont pas montré moins de courage
quand ils se sont crus menacés d'une domination
étrangère ; voilà les seules choses dont elle veut se
souvenir toujours.

Si la malveillance cherchait à élever quelque doute ou à susciter quelques craintes sur le but de notre mission, ayez autant de confiance en nous, général, que nous en avons, et que nous en mettrons en vous et dans les autorités avec lesquelles le Roi nous a ordonné de nous entendre; c'est à elles, c'est à vous à nous indiquer tout ce qui peut être pour le peuple un objet de désir ou d'inquiétude, ce qui peut assurer sa prospérité et son repos; et bientôt, comme tous les Français, vous jouirez du bonheur d'avoir retouvé dans le Roi le meilleur des pères.

Pleins de confiance dans votre loyauté et dans votre caractère, nous n'élevons, général, aucun doute sur la réception qui sera faite aux commissaires du Roi. Nous suivrons immédiatement sur une frégate de Sa Majesté, le bâtiment léger commandé par M. le capitaine de frégate Bégon, sur lequel nous vous expédions M. le colonel chevalier de Jouette, M. le le chevalier Dominge, chef d'escadron, qui sont porteurs de cette lettre, et M. Le Dué, l'un de vos compatriotes qui nous a témoigné le désir de les accompagner.

Votre vieux, votre ancien général, l e vicomte de Fontanges, celui sous les ordres duquel vous et vos compatriotes avez défendu avec honneur la cause du Roi, quand des sujets parjures osaient l'attaquer, est le chef de cette mission toute pacifique. Il n'a consulté ni son âge, ni ses infirmités: il n'a point hésité à passer encore une fois les mers, pour venir porter à des hommes qu'il a long-tems aimés et défendus, les intentions et les bienfaits du Roi.

Nous vous prions, général, de recevoir l'assurance de notre considération distinguée.

Le lieutenant-général des armées du roi,
commandeur de l'Ordre de St.-Louis,
officier de l'Ordre royal de la Légion-
d'Honneur,

Vicomte DE FONTANGES.

Le conseiller d'état, chevalier de l'Ordre
royal de la Légion-d'Honneur,

ESMANGART.

NUMÉRO 2.

RÉPUBLIQUE D'HAÏTI.

Au Port-au-Prince, le 6 octobre
1816, an 13 de l'indépendance
d'Haïti.

Alexandre Pétion, président d'Haïti, à MM. les commissaires de S. M. très - chrétienne près la république d'Haïti.

Messieurs,

Nous avons, à la vérité, défendu avec beaucoup de courage et un dévouement sans bornes, le drapeau français; nous étions bien éloignés, en le faisant, de prévoir quelle serait la conduite de ceux qui nous ont portés à l'arracher; elle ne trouve pas d'exemple dans l'histoire.— Depuis cette époque les institutions, les mœurs, le caractère, l'accroissement des lumières, les fruits de l'expérience, les circonstances, ont fait des citoyens de cette république un peuple nouveau; déjà il commençait à parcourir sa carrière et à mériter quelques considérations, par sa bonne foi dans ses rapports avec les étrangers et par l'éclat de ses armes, quand la paix fut rendue à l'Europe, par le concours unanime des souverains, et

qu'il fut décidé que sa majesté très - chrétienne re-
monterait sur le trône de ses pères.

Nous devions nous attendre que cette grande époque dans le monde serait également celle où nous al-
lions paraître à notre tour au tribunal de l'opinion,
et elle ne nous effraya pas, en sondant nos cœurs
et en jugeant favorablement des hommes, sous les
rapports heureux de la morale, de la justice, de la
philosophie et d'une religion éclairée. Nous n'avions
rien à nous reprocher envers sa majesté très-chrétienne; son caractère connu avant la révolution, ses
principes modérés, ses malheurs inouis, ceux de
toute sa famille, une lutte aussi longue qu'elle a été
cruelle et sanguinaire, l'incertitude de son sort, qui
n'a été décidé que par des événemens tardifs et extraordinaires, notre association tacite à la ligue qui
l'a soutenue, tout nous portait à penser que nous serions une exception particulière dans les idées d'une
politique sage : nous expliquions aussi en notre faveur les efforts et les succès immortels d'un gouvernement distingué, qui avait défini ce que le trafic
des hommes avait eu lui-même de hideux et de contraire à l'esprit du christianisme, et qui avait obtenu
la preuve que les colonies à sucre et à café pouvaient prospérer sans avoir recours à ce moyen honteux et barbare; quelle que fut la faiblesse de nos

conceptions alors, nous perçâmes le voile, et la logique la plus simple nous expliqua que point de traite,
point d'esclaves. Ce plan ne s'est pas encore réalisé,
parce que rien de bien ne peut s'opérer à la hâte et
sans réflexions ; mais les événemens se préparent et
sont dirigés avec la sagesse des hommes bienfaiteurs
de l'humanité, qui s'en occupent : il s'exécutera.

Que nous restait-il à craindre ? la méchanceté de
nos ennemis et de nos persécuteurs, de ces hommes
obstinés, véritables auteurs de leurs propres maux et
que rien ne saurait corriger ; la différence de notre
épiderme, qui, aux yeux du système colonial, nous
assimile à du bétail ; la réserve faite par sa majesté
très-chrétienne de continuer le commerce de la
traite pendant cinq années ; les cris des ci-devant
propriétaires dans ce pays ; les écrits, les libelles in-
cendiaires sortant des presses du royaume, répan-
dus sous les yeux mêmes du Roi, nous indiquèrent
bientôt combien nos présages heureux étaient éva-
nouis, et nous ne songeâmes plus qu'à nous préparer
à la guerre, tout en désirant la paix, et à garnir nos
magasins d'armes et de munitions, comme si nous
étions au moment d'être envahis. Il nous serait même
permis de penser que nos pronostics étaient fondés
et qu'un armement se préparait au moment où Napoléon a reparu momentanément en France.

Dans cet intervalle, le général Dauxion Lavaysse
arriva à la Jamaïque et prit la qualité de commissaire
du Roi. Un écrit publié sous son influence semblait
un brandon de discorde lancé pour nous désunir,
séparer les chefs de la famille, ou la famille de ses
chefs : l'esclavage modéré y était peint sous des couleurs spécieuses ; le peuple y était doucement rap-
pelé ; le sort des chefs était celui des sauvages mal-
faisans, *la mort ou l'exil dans l'île de Ratan*, après
avoir aidé à séduire et à enchaîner leurs frères, leurs
amis, les compagnons de leurs armes et de leur gloire ;
malgré cela le général Lavaysse osa se présenter au
Port-au-Prince, et y fut reçu avec bonté ; les actes
de sa mission ont été rendus publics, ses instructions
dévoilées et avouées par lui. Sous quel rapport sa
mission pouvait-elle être considérée? comme un es-
pionnage. Dans ce cas, quels risques n'eût-il pas cou-
rus? Cependant elle était signée et sanctionnée par
un ministre influant près du Roi; elle portait en cela
l'empreinte de l'authenticité. Quel sujet de réflexion
pour nous! Toutes ces pièces, nous en avons la certitude, ont resté long-tems sous les yeux de sa majesté très - chrétienne, et elle les a, sans doute,
mûrement examinées. Les papiers publics de toute
l'Europe en ont retenti, et elles ont été publiées à
plusieurs reprises, avec des observations qui nous

font honneur, et où notre sagesse et notre modération ont été approuvées. Le général Lavaysse a retourné en France, après avoir reçu tous les témoignages de la plus sainte hospitalité.

Les commissaires qu'il a plu à sa majesté d'envoyer auprès de cette république, en mettant le pied à terre, s'appercevront bientôt combien le droit des gens est sacré dans ce gouvernement, et que tout le monde, sans exception de couleur ni de nation, y respire, sous la protection des lois, dans la plus parfaite égalité.

Etabli par la nation le garant et non l'arbitre de ses destinées, je recevrai en son nom les propositions qui regarderont son bonheur et ses droits, en me conformant à l'exercice des pouvoirs qu'elle m'a tracés.

Je vous prie, messieurs, de recevoir l'assurance de ma considération distinguée.

PÉTION.

NUMÉRO 3.

A bord de la frégate de sa majesté
la Flore, ce 6 octobre 1816.

Général,

Nous croyons devoir vous transmettre la copie de l'ordonnance de sa majesté, qui nous nomme ses commissaires extraordinaires à Saint-Domingue.

Tout ce que nous pourrions vous dire et vous écrire serait assurément moins expressif que les paroles mêmes du Roi. Cette ordonnance doit calmer toutes les inquiétudes et remplir tous les cœurs d'espérance : elle vous fera connaître aussi, général, quelle est l'étendue de nos pouvoirs, et combien les intentions du Roi sont paternelles ; enfin, elle vous démontrera que le bonheur de la colonie dépend uniquement aujourd'hui de ceux qui sont revêtus du pouvoir et de l'autorité ; et nous ne doutons pas que sous ce nouveau rapport, elle ne vous doive bientôt plus qu'à tout autre.

Recevez, général, l'assurance de notre considération distinguée.

Les commissaires du roi,

Le vicomte de FONTANGES.

ESMANGART.

NUMÉRO 4.

ORDONNANCE DU ROI.

Louis, par la grace de Dieu, roi de France et de Navarre, à tous présens et à venir, salut.

Depuis notre retour en France, tous nos soins, après avoir conclu la paix, ont été employés à réparer les maux qui ont été la suite de l'usurpation.

Nos colonies, même les plus éloignées, nous ont toujours été présentes. Nous nous sommes fait rendre compte de l'état où elles se trouvent, des malheurs qu'elles ont éprouvés, et des besoins qu'elles peuvent avoir.

La colonie de Saint - Domingue a particulièrement fixé notre attention. Nous avons reconnu qu'il était utile d'y envoyer des commissaires, pour calmer les inquiétudes que les habitans de cette île peuvent avoir sur leur situation; faire cesser leurs incertitudes, déterminer leur avenir, légitimer les changemens que les événemens peuvent avoir rendus nécessaires, et spécialement ceux qui tendent à améliorer le sort de nos sujets.

Nos Commissaires s'entendront avec les administrateurs actuels, sur tout ce qui tient à la l'égislation de la colonie, au régime intérieur et d'ordre public, aux fonctionnaires civils et militaires, à l'état des personnes et au rétablissement des relations commerciales avec la métropole. Ils nous désigneront ceux de nos sujets qui se sont rendus dignes de notre bienveillance, et qui auront mérité des récompenses par leur attachement et leur fidélité à notre personne.

A ces causes, et sur le rapport de notre ministre secrétaire d'Etat au département de la marine et des colonies,

Nous avons nommé et nommons commissaires les sieurs vicomte de FONTANGES, lieutenant - général de nos armées ; ESMANGART, membre en notre conseil d'état ; DUPETIT-THOUARS, capitaine de vaisseau, et le sieur LAUJON, secrétaire-général de la commission.

Les sieurs JOUETTE, colonel d'infanterie, et COTELLE LABOUTERIE, notre procureur au tribunal de première instance de Gien, sont nommés commissaires suppléans.

Les instructions nécessaires à cette mission seront remises à nos commissaires par notre ministre secrétaire d'état de la marine et des colonies, afin qu'ils aient à s'y conformer.

Donné à Paris, au Château des Thuileries, le

vingt-quatre juillet de l'an de grace 1816, et de notre règne le vingt-deuxième.

LOUIS.

Les commissaires du roi,

Le vicomte DE FONTANGES.

ESMANGART.

NUMÉRO 5.

Port-au-Prince, le 8 octobre 1816.

Général ,

D'après ce que vous m'avez fait l'honneur de me dire avant-hier, je vous prie de vouloir bien m'indiquer l'heure à laquelle vous pourrez nous recevoir. M. Esmangart et moi nous désirons bien, général, avoir un entretien particulier, soit seul avec vous, soit avec les membres du gouvernement, qu'il vous plaira d'appeler à cet entretien. Nous accepterons, au surplus, M. le conseiller d'état et moi, tout ce qui vous semblera convenable à cet égard.

Je vous prie, général, de recevoir l'assurance de ma considération distinguée.

Le vicomte DE FONTANGES.

NUMÉRO 6.

RÉPUBLIQUE D'HAÏTI.

Alexandre Pétion, président d'Haïti, à M. de Fon-
tanges, commissaire de S. M. très-chrétienne.

Monsieur,

En réponse à votre lettre que je viens de recevoir, j'ai l'honneur de vous informer que je serai disposé à vous recevoir ce soir à sept heures, avec monsieur Esmangart, et que les principales autorités de
la république seront présentes à la conférence que
nous aurons ensemble.

Je vous prie, monsieur, de recevoir l'assurance
de ma considération distinguée.

PETION.

NUMÉRO 7.

A bord de la frégate du roi la Flore,
ce 23 octobre 1816.

Général,

Retenus pendant près de dix jours par des cal-
mes, entre Saint-Marc et le Môle, notre absence
pour nous porter au Nord a été beaucoup plus prolongée que nous ne comptions.

Notre premier soin, général, est de vous envoyer copie de la lettre que nous avons écrite au général Christophe, sous le couvert de M. le commandant des Gonaïves, et dont nous lui avons adressé le duplicata par le brick de sa majesté commandé par M. le chevalier de Bégon, le pilote du Cap n'ayant pas répondu au signal de la frégate.

Cette lettre, comme vous le verrez, général, a pour but de faire connaître à M. le général Christophe notre arrivée dans la colonie, et aussi quelles sont les intentions du Roi.

De retour dans la rade du Port-au-Prince, nous nous empressons de reprendre avec vous les communications qui font l'objet de notre mission.

Nous ne répondrons que très-brièvement, général, à votre lettre du 6 de ce mois, qui était la réponse à la nôtre du 3, dans laquelle nous vous annoncions notre arrivée. Nous ne nous permettrons aucunes récriminations sur les reproches que vous faites à la France; il est à désirer que le mal que l'on s'est fait mutuellement s'oublie, et c'est bien, assurément, le premier desir du Roi.

Saint-Domingue est sans contredit la terre où la révolution s'est fait sentir avec plus de force; c'est incontestablement le pays où il a été commis le plus de barbaries, d'injustices, de cruautés et de crimes.

Le Roi a gémi de tous ces malheurs, comme de ceux qui ont inondé la France pendant son absence ; et c'est ce souvenir qui l'a déterminé à envoyer des commissaires dans cette île, pour voir, de concert avec les autorités actuelles, quels seraient les moyens de sauver cette malheureuse colonie. Quand le Roi a pardonné les injures qui lui étaient personnelles, chacun doit mettre dans l'oubli les torts réciproques ; il doit le faire pour la paix publique et pour empê-cher que les reproches n'amènent des récriminations qui finissent toujours par rendre les rapprochemens impossibles. Ainsi, général, ne parlons plus de ces désastres que pour nous concerter sur les moyens de les réparer, et surtout pour chercher tout ce qui pourrait en préserver la colonie à l'avenir. Dites-nous ce que votre position, votre expérience, votre amour pour le bien, la connaissance que vous avez de l'esprit véritable du peuple, peuvent vous inspi-rer, et bientôt nous serons d'accord sur ces moyens.

Quant à ce que vous nous marquez de la mission de M. Dauxion Lavaysse, nous ne pouvons que vous répéter ce que nous avons dit le jour où nous avons eu l'honneur de vous voir avec les principaux fonctionnaires. M. Dauxion Lavaysse n'a jamais eu aucun pouvoir du Roi. Sa majesté n'a eu connais-sance de sa mission que par son résultat et par la voix publique; elle l'a fait désavouer officiellement; elle a blâmé la mission et bien plus encore la conduite qui avait été tenue; il ne nous est plus permis de parler après le Roi, son désaveu suffit.

Sa majesté ne connaissant ni vos desirs, ni vos besoins, ni tous les changemens survenus par suite de la révolution, nous a donné des pouvoirs très-étendus pour répondre à vos demandes et faire tout ce qui peut empêcher que cette colonie ne devienne encore le théâtre de nouvelles guerres.

Ce n'est pas le desir de se rattacher un pays ravagé et divisé par les guerres intestines, qui a dicté la démarche paternelle qu'elle fait aujourd'hui. C'est un père qui, après avoir été abandonné de ses enfans, leur tend une main secourable, pour les tirer du précipice dans lequel la plus terrible des révolutions les a jetés. Il donne dans ce moment à l'Europe, au monde entier, un exemple de modération et de bonté qui sera recueilli par l'histoire.

La France, fatiguée de ses victoires, après avoir fait le malheureux et imprudent essai de tous les gouvernemens, a retrouvé le bonheur et l'espérance sous des princes qui, pendant plus de huit siècles, lui avaient fait tenir le premier rang en Europe et lui avaient acquis une gloire sans reproche. Nous n'avons d'autre ambition que de soutenir le gouverne-

ment légitime ; que de rester agricoles et manufactu-
riers. Sans inquiétude sur l'avenir, chacun se livre
aujourd'hui en paix à son industrie ; le même bonheur vous est offert, et c'est le but de notre mission.
Placés sur un volcan, vous n'osez rien entreprendre,
rien réparer ; vos maisons sont en ruines, vos champs
sont incultes, vos campagnes sont désertes. Toujours
inquiets des malheurs qui peuvent fondre sur vous le
lendemain, vous ne songez qu'à vous défendre, et vos
torches sont prêtes pour vous détruire vous-mêmes.

Ceux que vous redoutez viennent, l'olivier à la
main, vous offrir la sécurité et le repos. Le Roi qui
nous envoie, ne veut pas même choisir les moyens
de vous les conserver ; il craindrait encore de se
tromper ; c'est lui qui vous consulte sur ce qui pourrait vous les rendre. Parlez, et bientôt vous verrez
jusqu'où peut aller la bonté du Roi, sa modération,
sa justice et son amour pour ses peuples.

Recevez, général, l'assurance de notre considération distinguée.

Les commissaires du roi,

Le vicomte DE FONTANGES.

ESMANGART.

P. S. Vous aurez sûrement reçu, général, la
copie de l'ordonnance du Roi qui nous nomme ses

commissaires à Saint-Domingue. Nous vous l'avons adressée par notre lettre du 7 de ce mois : nous croyons devoir vous rappeler qu'étant partis le lendemain pour nous rendre au nord, vous ne nous en avez pas accusé la réception.

NUMÉRO 8.

Copie de la lettre écrite par MM. les commissaires du roi au général Christophe.

En mer, à bord de la frégate du roi *la Flore*, en vue des Gonaïves, ce 12 octobre 1816.

Général,

Après vingt - cinq ans de troubles, de discordes civiles, de guerres, de combats, la France, rendue à elle-même, a retrouvé le repos en se jetant dans les bras de son Roi. Depuis ce moment, elle répare les maux que ces tems de désordres lui ont attirés et que chaque jour la bonté du Roi fait oublier.

Sa majesté, en reprenant l'exercice de ses droits, a bien senti dans sa profonde sagesse, qu'il n'était pas dans l'intérêt de son peuple de rétablir tout ce qui avait été détruit par la révolution ; elle a voulu au contraire que toutes les passions fussent conteuues; elle a exigé de ses plus fidèles serviteurs de nouveaux sacrifices, dont la première elle a donné l'exemple; elle a consolidé par sa volonté royale les changemeus qu'elle a cru être la suite du desir national. Chacun, tranquille aujourd'hui sur l'avenir de ses enfans, a vu changer en certitude ce qui ne pouvait être que précaire, et s'empresse, dans les grades et les places que le Roi lui a conservés, de bien servir un si bon prince.

Le bien que le Roi a fait à la France, le Roi veut le faire à Saint-Domingue. C'est dans cette intention qu'il nous a ordonné de nous y rendre, pour nous concerter avec les autorités civiles et militaires, sur tout ce qui peut fixer le sort de la colonie.

Sa majesté a voulu que nous nous portassions au Port-au-Prince, comme point central et intermédiaire, afin de communiquer avec le Nord et le Sud, pour faire connaître à tous ses intentions royales et paternelles.

Revêtu du commandement dans le Nord, vous êtes plus particulièrement à même, général, d'éclairer le peuple sur la vérité et les intentions du Roi; de faire disparaître tous les doutes que la malveillance, l'ambition particulière ou la cupidité pourraient chercher à répandre sur le but de notre mission; de dire au nom du Roi, aux citoyens de toutes les classes, que la volonté de sa majesté est que personne ne perde à son retour, que tous les changemens qu'on se plaît à leur faire craindre, ne sont pas plus dans sa volonté que dans l'intérêt général ; qu'elle ne veut faire passer aucune force dans un pays où il se trouve déjà une armée, des généraux, des fonctionnaires publics et des sujets qui lui seront fidèles ; et que la seule intention de sa majesté, en envoyant des commissaires munis de ses pouvoirs, est de consolider et de légitimer tout ce qui peut l'être, sans manquer à ce qu'elle doit à la dignité de sa couronne, à la justice et à l'intérêt de ses peuples.

Nous attendrons, général, toutes les communications que vous pourrez nous faire, et nous ne doutons pas un instant que vous ne saisissiez avec empressement l'occasion de prouver à vos compatriotes, dans une circonstance si solemnelle, que vous voulez leur bonheur.

Nous croyons devoir joindre à notre lettre, l'ordonnance du Roi qui nous envoie à Saint-Domingue ; elle vous fera connaître, mieux que tout ce que nous pourrions vous écrire, combien les intentions du Roi sont bienfaisantes et paternelles.

Les commissaires du roi,
Vicomte DE FONTANGES.
ESMANGART.

NUMÉRO 9.

RÉPUBLIQUE D'HAÏTI.

Port–au–Prince, le 23 octobre 1816,
an 13 de l'indépendance.

Alexandre Pétion , président d'Haïti , à MM. les commissaires de sa majesté très-chrétienne.

Messieurs ,

J'ai l'honneur de vous accuser la réception de votre lettre datée à bord de la frégate la Flore, le 23 de ce mois , de la copie de celle que vous avez adressée au général Christophe, en mer le 12 , ainsi que de l'ordonnance de S. M. très - chrétienne qui vous nomme ses commissaires, accompagnant votre lettre du 7 , à laquelle je n'ai pu répondre en raison de votre absence.

Après des crimes épouvantables commis par des Français, crimes qui rougissent les pages de l'histoire, l'indépendance d'Haïti a été solemnellement jurée sur les restes encore fumans de nos infortunés compatriotes, par les guerriers intrépides qui venaient de la conquérir. Ce serment sacré, prononcé pour la première fois par un peuple indigné , n'a jamais cessé de retentir dans tous les cœurs ; chaque

14.

année il est renouvelé avec un nouvel enthousiasme ; il est le palladium de la liberté publique ; le rétracter ou en concevoir la coupable pensée, serait un déshonneur et une infamie dont aucun Haïtien n'est capable ; l'altérer serait attirer sur nous des malheurs mérités ; nos lois nous le défendent impérieusement, et comme premier magistrat de la république, la plus sacrée de mes obligations est de la faire respecter ; je l'ai juré à la face du ciel et des hommes, *et je n'ai jamais juré en vain.* Nous faire revenir sur cette sainte résolution est au-dessus de toute force humaine ; nous la possédons, nous nous croyons dignes de la conserver ; pour nous l'enlever, il faudrait donc nous exterminer tous. Eh bien ! si la chose était même possible, nous nous y déterminerions plutôt que de reculer.

Il nous eût été permis de penser que notre caractère peu connu, surtout en France, où l'on s'est habitué à nous juger par l'esprit colonial, aurait peut-être fait croire que nous ne nous tenions sur nos gardes que par le manque de confiance dans les garanties que l'on aurait pu nous offrir pour nous tranquilliser sur l'avenir, et qu'en employant avec nous des formes qui pourraient nous être agréables, il serait plus facile de nous ramener vers le but qu'on se serait proposé ; qu'on y aurait vu combien la mission du gé-

néral Dauxion Lavaysse avait effarouché les esprits,
et qu'il ne nous est pas échappé qu'elle paraissait
revêtue de l'authenticité qu'ont ordinairement les
actes des gouvernemens, puisque ses instructions
restées dans nos mains, avouées par lui, étaient re-
vêtues de la signature du ministre de la Marine.
Vous me faites l'honneur de me répéter que cette
mission a été désavouée par sa majesté ; j'en demeure
d'accord, et par conséquent de la nullité de tous les
actes qu'elle a produits ; je n'en parlerai donc plus.

Depuis sa restauration sur le trône de France, sa
majesté a eu sous les yeux tout ce qui s'est passé d'officiel dans notre gouvernement; aucunes des époques
de notre révolution ne sauraient lui être étrangères,
et elle aura dû se convaincre que nous tenions à notre
indépendance autant qu'à notre propre existence, et
quoique nous la séparions des malheurs qui nous ont
si long-tems affligés, nous avons pu croire qu'elle eût
tout fait en reconnaissant l'indépendance de cette république, comme elle a sanctionné d'autres actes peut-
être plus pénibles pour elle, si elle n'en eût été em-
péché par l'opposition qu'elle a rencontrée dans les
esprits ; car, pressé par les puissances de renoncer au
trafic honteux des Africains, elle en a cependant ré-
clamé la continuation pour cinq ans en 1814, lorsqu'en 1815 elle exprime elle-même que cette renon-

ciation était déjà dans son cœur en rentrant en France ; mais qu'elle fut alors maîtrisée par les circonstances : à plus forte raison, pourquoi ne démentirait-elle pas aujourd'hui ce que des intérêts entièrement isolés voudraient exiger, et ce qui coûterait tant de flots de sang ? C'est ainsi que nous nous représentons les sentimens de S. M. T. C. ; il nous en coûterait beaucoup d'être obligés de revenir sur cette opinion.

Tout a changé de face dans le monde et s'est, pour ainsi dire, renouvelé par la révolution pendant une période de vingt-cinq années ; chacun s'est créé des habitudes et des occupations pour satisfaire à ses besoins ; la prescription semble avoir frappé d'anciennes prétentions qui n'existent encore que par des souvenirs passés, et dont la plupart des principaux intéressés ne sont plus.

La renaissance de l'ordre et de la paix appelle les hommes au travail et à l'industrie ; les besoins toujours pressans des gouvernemens ont de profondes blessures à guérir ; les résultats de la guerre sont les mêmes partout : *les campagnes désertes, les pays dévastés*, tout languit, jusqu'au retour de la confiance qui ne peut s'établir simultanément ; ce principe est d'une application générale, et ne détruit pas les moyens que chaque contrée recèle dans son sein en les uti-

(113)

lisant. Il est de fait que les nôtres ne peuvent l'être
que par nous-mêmes ; il faut donc, avec la paix,
chercher des ressources, activer le travail, encoura-
ger les manufactures ; où les trouver, si ce n'est dans
l'industrie et le commerce ? Celui de France ne peut
avoir aucun intérêt au rétablissement de l'ancien
ordre de choses ; il a besoin d'être alimenté, de recevoir de l'émulation et de faire des profits utiles pour
lui et son gouvernement ; il ne demande pour agir
qu'à être délivré des entraves qui le gênent, afin de
se donner à toute l'étendue de ses spéculations.

Les manufactures réclament aussi les mêmes avantages et les débouchés nécessaires afin de s'entretenir
et de s'améliorer. Personne n'ignore que ce pays, s'il
produit moins, fait les plus grandes consommations,
parce qu'il est dans l'esprit des Haïtiens, qui tous
jouissent des avantages de leur travail, de se procurer le plus d'aisance qu'il est en leur pouvoir.

C'est dans l'intention de vous répondre avec franchise sur ce que vous me faites l'honneur de me dire
que vos pouvoirs sont très-étendus pour l'exercice
de votre mission, que vous m'annoncez être toute
pacifique et désintéressée, et que ce n'est pas le désir de se rattacher ce pays ravagé et dévasté par des
guerres intestines qui a dicté la démarche de S. M.
T. C., que j'ai cru devoir entrer dans quelques dé-

tails où il ne règne aucun esprit de récrimination ni d'éloignement de ce qui peut être juste et raisonnable et cependant important, avant toute chose, d'expliquer.

Si les intentions de S. M. T. C. se concilient sur ce point, et que les pouvoirs dont vous êtes revêtus se rapportent avec cet esprit de justice et de modération, alors, oubliant tout motif particulier, et guidés par le pur sentiment de la vérité et le désir d'opérer le bien, vous nous regarderez comme un gounement *libre et indépendant*, dont les institutions consolidées reposent sur la volonté et l'amour national. Vous n'hésiterez pas à l'admettre comme base essentielle entre nous, et entrant par-là dans l'esprit de nos lois, vous me mettrez à même, dans le cercle de mes devoirs, de pouvoir correspondre avec vous sur tous les points qui pourraient être réciproquement avantageux aux deux gouvernemens.

Tout me porte à croire qu'en partant de France vous étiez bien persuadés que nous ne pouvions admettre d'autres principes; en le reconnaissant vous retirez le fruit le plus glorieux de votre mission, et acquérez à juste titre les droits les plus mérités à notre estime et à notre considération.

J'ai l'honneur, messieurs, de vous saluer avec les sentimens les plus distingués.

PÉTION.

NUMÉRO 10.

Port-au-Prince, 25 octobre 1816.

Général ,

Nous sommes venus avec une entière confiance dans la ville et le pays où vous commandez, bien certains que tout ce qui tient au droit des gens serait respecté. Nous n'avons à cet égard qu'à nous applaudir de notre confiance , et c'est ce qui nous engage à vous donner connaissance de ce qui se passe entre les Carthagénois et les Mexicains qui sont ici, et des matelots de notre équipage. Les premiers embauchent les matelots et portent les autres à l'insurbordination. Les plaintes nous arrivent à cet égard, et c'est y porter remède, nous en sommes sûrs, que de vous en donner connaissance. Nous réclamons votre autorité pour que nos hommes soient recherchés par la Police , et qu'ils nous soient rendus. Ce serait faire injure à votre guvernement que d'insister sur une demande de cette nature, qui tient autant à la bonne police , qu'au droit des gens que nous réclamons.

Recevez, général , l'assurance nouvelle de notre considération distinguée.

Les commissaires du roi,
Le vicomte DE FONTANGES, ESMANGART.

NUMÉRO 11.

RÉPUBLIQUE D'HAÏTI.

Au Port-au-Prince, le 28 octobre 1819,
an 13 de l'indépendance.

*Alexandre Pétion, président d'Haïti, à MM. les
commissaires de sa majesté très-chrétienne.*

Messieurs,

J'ai reçu votre lettre du 25 du mois courant, par
laquelle vous vous plaignez de la conduite tenue par
les Carthagénois et les Méxicains qui sont ici, et les
malelots de votre équipage. Ce n'est point en vain
que vous réclamez l'autorité du gouvernement pour
faire cesser ce désordre. Je viens de donner les ordres les plus précis au général commandant l'arron-
dissement, non seulement pour empêcher que vos
matelots soient embauchés sous aucuns pavillons,
mais encore pour faire appuyer par la force les re-
cherches que la désertion pourrait occasionner.

Vous devez être persuadés, messieurs, que dans
toutes les circonstances vous trouverez la protection
que vous pourrez désirer en ce qui concerne la police de votre équipage.

Recevez, messieurs, l'assurance de ma considération distinguée.

PÉTION.

NUMÉRO 12.

Port-au-Prince, le 3o octobre 1816.

Général,

Nous avons reçu le 27, la lettre que vous nous avez fait l'honneur de nous écrire le 25 de ce mois.

La France, comme St.-Domingue, a éprouvé des réactions. Les partis qui se sont succédés, tour-à-tour vainqueurs et vaincus, ont exercé, comme cela arrive dans toutes les guerres civiles, des vengeances et des représailles également blâmables de part et d'autre; mais aucun parti, quand le retour de sa majesté a fait cesser tous ces désordres, n'a imaginé d'opposer au Roi les fautes, les injustices du parti qu'il avait combattu, et de s'en faire un titre pour méconnaître l'autorité royale et ses droits. Chacun, au contraire, instruit par l'expérience, est demeuré convaincu que la vérité seule et la légitimité pouvaient mettre fin aux dissentions violentes et à toutes les ambitions qui, depuis 25 ans, avaient rendu la France si malheureuse. Tout ce qui avait été fait dans l'intérêt d'un parti contre l'autre, les lois, les règlemens, tout est demeuré comme non avenu, parce que cela n'était que des mesures préservatives, que les partis croyaient nécessaires

contre le parti qu'ils avaient à combattre. Mais l'autorité souveraine et légitime, reprenant l'exercice
de ses droits, ces mesures de précautions et pour
ainsi dire de défense des différens partis, devenaient
inutiles. Leurs lois se sont trouvées abrogées par
le fait, il n'en est resté que ce que le Roi, dans sa
sagesse, a cru devoir conserver; tout le reste a cessé
d'être obligatoire pour ceux mêmes qui les avaient
jurées, parce que l'effet devait cesser avec la cause.
Maintenir ces lois, ces réglemens en vigueur, eût
été perpétuer les dissentions civiles; c'eût été com-
mettre une hostilité après la paix.

Sa majesté pourtant a bien senti que 25 ans de
révolutions avaient changé les mœurs, les habitudes,
même les pensées du peuple. Elle a légitimé tout ce
qui pouvait l'être; elle nous a donné des lois calculées sur notre caractère nouveau, et elle a ainsi
rendu le repos à toutes le familles.

La sollicitude du Roi a été la même pour St.-Do-
mingue. Nos lettres précédentes, général, vous l'ont
assez fait connaître; mais le Roi ne peut faire que
ce qui lui semble juste et utile pour ses peuples. Il
ne doit pas consulter leurs passions, mais seulement
leurs besoins; et c'est ce qui le réglera, pour ce
qu'il a à faire pour ce pays, comme cela lui a servi de
règle pour la France.

(219)

Pour méconnaître les bienfaits du Roi et le prix de la sanction royale, sans laquelle pourtant tout ce que vous avez acquis par la révolution, en droits, en honneurs, en fortunes, en biens, en dignités, restera éternellement précaire, vous nous opposez un acte qui seul démontrerait au Roi qu'il ne peut vous abandonner à vous-mêmes, parce qu'en vous abandonnant, il vous laisserait dans le précipice horrible dans lequel une grande imprudence vous a jetés.

Quand on lit de sang-froid et sans passions les premières pages de l'acte qui fait la base de vos institutions, on reconnaît bientôt que cet acte porte avec lui le germe de votre propre destruction. Il nous suffira, pour vous démontrer cette vérité, de vous citer seulement les trois articles suivans. Ils portent :

Art. 38. « Aucun blanc, quelle que soit sa nation,
» ne pourra mettre les pieds sur ce territoire à titre
» de maître ou de propriétaire.

Art. 39. » Sont reconnus Haïtiens, les blancs
» qui font partie de l'armée, ceux qui exercent des
» fonctions civiles et ceux qui étaient admis dans la
» république à la publication de la constitution du
» 27 décembre 1816, et nul autre à l'avenir, après
» la publication de la présente révision, ne pourra
» prétendre au même droit, ni d'être employé, ni

» de jouir du droit de citoyen , ni acquérir de pro-
» priété dans la république.

Art. 44. » Tout Africain , Indien et ceux issus
» de leur sang, nés des colonies ou pays étrangers,
» qui viendraient résider dans la république , seront
» reconnus Haïtiens, mais ne jouiront des droits de
» citoyens qu'après une année de résidence. »

Vous rétablissez par ces articles , d'une manière
bien plus absolue que ne l'avait fait aucune ordonnance, la différence que la philantropie, depuis un
demi-siècle, s'efforçait de faire disparaître entre les
couleurs. Vous commettez un acte d'hostilité envers
l'Europe ; vous faites scission avec elle , vous lui
donnez le droit de confisquer par représaille les biens
de tous ceux qui portent chez vous le nom d'Haïtien,
de les priver du droit de succéder, et des droits politiques dont ils jouissent dans toute leur plénitude
et sans distinction.

Par une bizarrerie dont on ne trouve d'exemple
que dans l'histoire des révolutions, après avoir combattu pendant 25 ans pour soutenir le principe contraire, votre premier acte, votre loi fondamentale
établissent la distinction qu'au prix de votre sang
vous avez voulu détruire.

Si l'Europe vous jugeait par vos lois , elle serait
loin de croire à votre gouvernement cette urbanité

dont nous avons fait l'épreuve , et dont nous nous faisons un devoir de rendre compte.

. En effet , vous renoncez à toutes les nations civilisées pour adopter exclusivement , comme seules habiles à former société avec vous , d'une part les puissances barbaresques dont l'Europe réclame dans ce moment la repression ; et ensuite les nations chez lesquelles le mot de civilisation n'a pas même encore pénétré. Si les philantropes , qui ne sont pas non plus exempts de la proscription que vous prononcez contre la couleur , se récrient néanmoins contre les représailles que l'Europe pourrait se permettre d'exercer, on pourra leur répondre avec votre constitution : Le principe aura été établi par vous ; quel droit aurez-vous donc de vous plaindre?

Telle est cependant, général , la chose que vous demandez au Roi de vouloir bien reconnaître. Le peut-il sans manquer à ce qu'il se doit à lui-même , à ce qu'il doit à ses peuples, à ce qu'il doit aux autres puissances ; le peut-il même dans votre propre intéret ?

Il est dans le cœur du Roi , nous vous le répétons , général , de faire pour le pays tout ce qui est compatible avec la dignité de sa couronne et l'intérêt de ses peuples. Il ne veut que ce qui peut fixer d'une manière solide le bonheur des habitans actuels de

Saint-Domingue ; nous vous avons demandé de nous indiquer les moyens qui pourraient l'assurer, nous vous le demandons encore. Jugez vous-même , général , d'après les observations que nous venons de vous faire, si ce que vous nous indiquez peut atteindre le but que le Roi se propose.

Vous n'ignorez pas que comme il est pour les peuples des devoirs à remplir envers les rois, il est aussi pour les rois des obligations à remplir envers les peuples. Les rois ne peuvent les abandonner , même dans leurs erreurs, ni dans leurs infortunes. Plus le danger dans lequel ils se sont précipités est grand , plus ils doivent s'empresser de venir à leur secours. Sa majesté, plus qu'aucun roi ne l'a jamais fait , vient de donner au monde entier une preuve de cette sollicitude paternelle qui aurait dû , dans ce pays comme en France , lui ramener tous les cœurs.

Quant à nous qui sommes investis de sa confiance, nous sommes convaincus que ce serait vous plonger davantage dans le précipice et abuser de nos pouvoirs , que de prendre sur nous de consentir sans restriction à ce que vous nous demandez, dans ce moment surtout , où les passions chez vous parlent encore si haut.

Nous ne répondons pas par des récriminations

aux reproches que vous faites de nouveau à la France. Sans doute la France a commis de grandes erreurs, elle a surtout été bien coupable envers son Roi. Comme toutes les nations en effervescence, elle a été le théâtre de grands excès : mais ses erreurs, ses fautes, ses crimes même seront cachés pour l'histoire, dans une forêt de lauriers.

Enfin Dieu a brisé la verge qu'il avait envoyée pour nous punir. Il nous a rendu notre Roi, nos princes légitimes, ne songeons plus qu'à nos devoirs, ne songeons plus qu'à réparer.

Si nous ne sommes pas assez heureux pour vous convaincre, général, ainsi que les autorités qui vous entourent, nous n'aurons pas à nous reprocher de n'avoir pas mis dans cette discussion, la modération qui se trouve toujours dans le cœur du Roi, quand il s'agit de ramener dans ses bras des enfans que de fausses et bien trompeuses théories en ont arrachés.

Recevez, général, l'assurance de notre considération distinguée.

Les commissaires du roi,

Le vicomte DE FONTANGES.

ESMANGART.

NUMÉRO 13.

RÉPUBLIQUE D'HAÏTI.

Au Port-au-Prince, le 2 novembre 1816,
an 13 de l'indépendance.

*Alexandre Pétion, président d'Haïti, à MM. les
commissaires de sa majesté très-chrétienne.*

Messieurs ,

J'ai reçu la lettre que vous m'avez fait l'honneur
de m'écrire le 30 expiré.

Il appartenait au dix-neuvième siècle de produire
des événemens extraordinaires ; il lui était aussi réservé d'arracher le bandeau qui empêchait la portion
la plus malheureuse et la plus opprimée des hommes,
de découvrir dans la grande charte de la nature, ses
droits imprescriptibles et l'objet que Dieu s'était proposé dans le création. C'est de l'esprit dominateur
des partis que la France a fait se succéder tour-à-
tour dans cette belle contrée, que l'arche sainte de
l'indépendance d'Haïti s'est élevée du sein de l'op-
pression et de l'injustice. En jurant de la maintenir,
nous étions tout aussi loin de penser qu'elle affecterait
l'autorité du Roi de France, que de l'idée de prévoir
s'il triompherait un jour des Français, et qu'il ferait

valoir contre nous des titres que nos armes ont détruits : titres inutiles , que la politique invoque , que
la raison réprouve. bien moins nécessaires à la dignité
de sa couronne, que beaucoup d'autres priviléges que
les circonstances lui ont fait abandonner sans doute
par des motifs puissans. Nous pouvons ajouter qu'en
nous ressaisissant de nos droits méconnus, nous ne
nous sommes occupés que de notre propre sécurité;
heureux d'avoir secoué le joug le plus affreux , nous
n'avons désiré que de pouvoir jouir au milieu de
la paix du monde ; et puisque les ressources de notre
pays seraient illusoires, si nous ne les faisions valoir
par nos bras, et que nous ne pouvons les employer
sous aucune influence que celle de l'esprit de famille qui nous unit ; nous pourrions paraître cou-
pables aux yeux d'une politique intéressée, lorsque
nous ne le serions pas au tribunal de la justice et de
l'équité qui légitiment nos droits.

Nous n'avons jamais craint d'être observés, et
loin de perdre , nous ne pouvons que gagner, surtout si ces observations sont faites de sang-froid et
sans passion ; c'est peut-être la raison qui nous a
rendus autant accessibles dans une cause aussi délicate, parce que nous sommes forts de nous-mêmes,
et que c'est dans un sentiment bien réfléchi que
nous avons établi notre pacte social, qui est l'expres-
sion de la volonté nationale.

En nous mettant sous les yeux les articles 38, 39 et 44 de nos institutions, vous semblez nous jeter le gant, et vous éloigner de la question présente pour faire d'une cause particulière une cause générale avec toutes les puissances de l'Europe ; cet appel à des gouvernemens qui sont si clairvoyans, serait bien tardif, car ils n'ont pas jugé de la même manière, ce que vous appelez une marque d'hostilité envers eux. Ces articles se trouvent exprimés dans l'acte de notre indépendance, dans ceux qui l'ont suivi, dans la constitution du 27 décembre 1806 ; ils ont reçu une explication plus étendue par l'article 39 de la revision, qui n'est que le même sens du 27e. article de la constitution. Ils n'ont donc jamais cessé d'être en vigueur, et n'ont pour but que notre garantie, qui ne peut nous être disputée que par le gouvernement français, comme vous le faites aujourd'hui, lorsque les autres puissances n'y ont aucun intérêt, et qu'elles ont eu des rapports constans avec nous ; vous devez vous en convaincre par la présence d'un agent accrédité des Etats-Unis d'Amérique près la république, par l'ordre en conseil du roi d'Angleterre, du 14 décembre 1808, qui n'a jamais été révoqué ; par les bâtimens étrangers qui sont dans nos ports, où ils sont admis comme les nôtres le sont dans les leurs ; vous aurez dû voir dans cette ville beaucoup d'Européens faisant le commerce et la proscription de couleur ne frapper sur aucun d'eux.

Y a-t-il réciprocité d'avantages dans les relations commerciales entre les étrangers et l'île d'Haïti ? la question, je pense, est résolue. Y a-t-il incompatibilité sous le rapport des propriétés, des droits de citoyens ? la réponse ne serait pas difficile.

Nous nous reposons sur la justice de notre cause, sur la pureté de nos intentions ; nous ne pensons pas que l'Europe s'arme contre nous parce que nous voulons être libres, sous la seule forme qui puisse nous assurer de l'être, et que les philanthropes qui sont l'objet de notre admiration, désapprouvent une conduite qu'ils nous auraient sans doute conseillée eux-mêmes. Si de tout cela on pouvait tirer des motifs d'extermination, il faudrait encore s'y résoudre ; et en mettant toute sa confiance dans les mains du maître des maîtres du monde, recevoir de lui de nouvelles forces pour se défendre ; c'est notre parti, nous n'en avons pas d'autre.

L'application que vous nous faites au sujet des puissances barbaresques, trouve sa réponse dans la conduite que nous avons tenue entre l'Angleterre et l'Amérique, pendant le cours de la guerre qu'elles viennent de soutenir, où jamais gouvernement n'a donné de preuves d'une neutralité plus exacte et de respect pour le droit des nations ; aussi il n'a jamais été question de repression de leur part.

Il est de principe avéré que l'on ne peut disputer à aucun gouvernement de se régir par ses propres lois ; Louis XIV, en révoquant l'édit de Nantes, a exclu des Français au sein même de la France. Aucune puissance ne s'est immiscée dans cette affaire, et toutes ont profité, plus ou moins, des avantages que leur a procurés cette émigration.

Au Japon, à la Chine et chez d'autres nations policées, des mesures de précaution ont interdit aux étrangers jusqu'à l'entrée dans l'intérieur de leur pays, et nous voyons cependant le commerce établi et fleurir avec des peuples dont l'existence politique ne trouble pas la paix des autres nations ; les exemples de cette nature ne seraient pas difficiles à citer, si nous voulions tous les rapporter.

De quelque manière que nos efforts soient jugés dans le cours de notre révolution, l'histoire ne pourra cacher que nous avons été sacrifiés et trompés, et que nos armes ont été aussi couronnées de quelques lauriers.

Si vos pouvoirs n'ont pas la latitude nécessaire pour vous permettre de traiter sur la base que j'ai eu l'honneur de vous proposer, ou que vous ne ju-

giez pas convenable d'en faire usage dans cette circonstance, je dois vous prévenir que je ne crois pas
devoir correspondre plus long-tems avec vous sur
l'objet de votre mission.

Quelque événement qui résulte, je n'aurai pas à
me reprocher d'avoir négligé la plus petite occasion
pour procurer la paix et le bonheur à mes conci-
toyens, comme je me montrerai toujours digne de
leur confiance en faisant respecter leurs droits et
leurs priviléges jusqu'à mon dernier soupir, sans
m'écarter des principes que j'ai toujours professés.

Recevez, messieurs, l'assurance de ma considération distinguée.

PÉTION.

NUMÉRO 14.

Port-au-Prince, le 10 novembre 1816.

Général,

Votre santé étant rétablie, nous allons vous transmettre la réponse que votre maladie nous a fait retarder.

Dans votre lettre du 2 de ce mois, comme dans
toutes vos lettres précédentes, vous nous parlez encore des violences, des injustices que vous avez

éprouvées. Nous nous sommes abstenus , d'après le caractère pacifique dont nous sommes revêtus , de vous faire aucun des reproches que nous aurions pu opposer à ceux que vous faites à quelques Français furieux. Nous persisterons jusqu'à la fin dans cette modération.

Vous convenez cependant que pendant le tems de l'usurpation , quand le Roi se trouvait dans l'impossibilité d'exercer ses droits, vous vous êtes trouvé dans la nécessité de choisir un mode de gouvernement , que l'indépendance étant, de tous , celui qui semblait vous offrir le plus de garantie, avait été choisi par la nation , mais que rien n'avait été fait contre le Roi.

Tout cela , général , rentre parfaitement dans ce que nous avons eu l'honneur de vous dire dans notre dernière lettre. Jusqu'ici, vous n'avez commis aucune hostilité ouverte contre le Roi. Les mesures que vous avez prises l'ont été contre les ennemis de sa couronne ; c'est une arme que vous avez forgée pour les combattre , et dont vous ne pouviez vous servir légalement que contre eux. Mais quand le Roi reprend l'exercice de ses droits, quand tous les partis déposent leurs armes, quand tous ses sujets s'empressent de se ranger sous ses lois , vous seriez les seuls qui voudriez vous servir de ce qui a été fait

contre des ennemis qui étaient les siens , pour le lui
opposer! une telle entreprise serait vouloir élever une lutte nouvelle contre un pouvoir légal qui
se trouverait offensé et blessé sans avoir provoqué
en rien l'agresseur; ce serait se mettre en révolte
ouverte. Les droits du Roi comme souverain , sont
incontestables. Le contrat qui existe entre lui et ses
peuples est indissoluble ; ses droits enfin, qui sont
imprescriptibles, ne peuvent être détruits ni altérés
en rien parce qu'il en a perdu momentanément l'exercice. Ainsi, tant que le Roi n'aura pas prononcé,
l'état de guerre deviendra permanent, et tout restera
incertain jusqu'à la paix, dont on ne pourra plus prévoir l'époque. Tout ceci est d'une vérité tellement
reconnue que nous ne devons pas nous étendre davantage sur ce point.

Si dans notre dernière lettre nous vous avons parlé
de certains articles de votre constitution, notre seule
intention a été de vous faire remarquer ce que vous
proposiez au Roi de reconnaître, en consacrant
votre indépendance, et de vous démontrer que la
loi fondamentale de vos institutions portait avec elle
le germe de votre propre destruction. Il a été loin
de notre pensée, assurément, de faire ce que vous
nommez un appel aux gouvernemens étrangers. La
France, en se séparant de son Roi, a éprouvé d

grands malheurs ; mais son honneur, comme sa puissance , sont loin d'être perdus ; et le Roi est par lui-même assez fort pour défendre ses droits , selon son bon plaisir et sa volonté , sans appeler l'appui d'aucune puissance.

Notre intention n'a pas été non plus , général , d'éviter ni d'éluder de traiter une question dont la discussion n'a rien d'effrayant pour nous. Si pourtant (nous croyons devoir vous l'assurer, général) ; nous avions suivi notre premier mouvement , nous nous serions bornés, d'après votre lettre, à prendre congé, de vous , et nous aurions mis à la voile pour aller faire connaître au Roi la persévérance que nous avons rencontrée en vous, pour soutenir sèchement et sans en indiquer ni la nécessité, ni les avantages, ni les compensations , une indépendance qui n'est autre chose que la volonté de méconnaître les droits de sa majesté . Mais le Roi qui nous a ordonné de porter avec constance dans cette discussion , toute la modération qui se trouve dans son cœur, nous aurait blâmés d'avoir quitté ce territoire brusquement, sans avoir essayé de vous démontrer l'injustice d'une telle persévérance et le danger que le gouvernement que vous voulez choisir, aurait nécessairement pour ce pays. Si vos réflexions peuvent vous ramener à la vérité, nous n'aurons qu'à nous

applaudir de ne nous nous être pas montrés irrascibles. Nous vous aurons rendu à vous-mêmes un signalé service, et nous aurons rempli les intentions
comme les ordres du Roi.

Nous allons donc, avant de terminer notre mission, vous faire sur cette indépendance, comme
nous l'avons fait sur quelques articles de votre constitution, les réflexions que nous impose notre devoir
et que nous dicte l'intérêt de la colonie.

Pour être indépendans, il faut avoir la certitude
de pouvoir, en tout tems et partout, faire respecter
son indépendance. Il faut avoir en soi-même assez de force pour pouvoir résister aux efforts
comme à l'ambition de ceux qui peuvent devenir jaloux de la prospérité que vous pourriez acquérir. Il
faut pouvoir par soi-même défendre ses sujets au
dehors comme au dedans, et être dans la possibilité
de venger une injure. Si l'Etat qui veut se déclarer
indépendant n'a pas ces moyens par lui-même, s'il
est obligé de recourir à une puissance étrangère pour
avoir son appui, il cesse d'être indépendant, et son
existence politique est à chaque instant compromise.

Voyons à présent quelle est la position de cette
colonie , plus faible en population que la moindre
province de France. Vous fiant à votre courage et
sur votre climat, vous êtes disposés à affronter toutes

les puissances de l'Europe s'il est nécessaire, pour soutenir une prétention qu'aucune raison aujourd'hui ne peut appuyer. Vous n'avez par vous-mêmes aucune ressource de guerre ; tout doit vous venir de l'étranger, et si, par la suite d'une guerre quelconque avec la première puissance, vos communications du dehors sont interrompues, le climat qui fait périr les hommes, détruira aussi très-promtement vos armes et tout ce que la guerre entraîne de meurtrier après elle. Le dénuement où vous pourrez vous trouver au bout d'un certain tems, sur ce point, vous rend déjà dépendans des étrangers. Vous ne l'êtes pas moins par les besoins que des habitudes nouvelles vous ont donnés, dont la privation serait pénible et deviendrait même une souffrance pour beaucoup d'entre vous ; il est encore bien certain que le jour où le Roi prononcerait votre indépendance, il vous laisserait dans la dépendance de tout le monde.

Quant aux moyens de défense au dedans, chacun avoue que vous n'en avez d'autres, si vous êtes menacés par une force imposante, que d'incendier vos villes, vos récoltes, de porter partout dans les plaines la flamme et la destruction, et de vous retirer avec vos femmes et vos enfans dans les mornes où vous vous défendrez jusqu'à la mort.

Cela peut être la suite d'une grande résolution : mais cela prouve aussi véritablement une grande impuissance. Un peuple qui n'a d'autres ressources à opposer à celui qui l'attaque que sa propre destruction, ne peut exister sans l'appui d'un puissant protecteur. Dans votre position actuelle, un simulacre d'attaque d'une puissance quelconque, peut vous réduire à la plus affreuse extrémité, puisque dès la première démonstration hostile, armés des torches qui garnissent vos arsenaux, vous devenez les plus utiles auxiliaires de vos ennemis.

Si l'on considère tous vos moyens, on s'apperçoit bientôt que votre indépendance peut encore moins se défendre au dehors que sur votre sol : car vous n'avez, à deux portées de canon, aucune possibilité de la faire respecter et de venger une insulte qui serait faite à des sujets de cette république ou à votre pavillon. Votre indépendance actuelle est donc une véritable chimère, une prétention qui ne peut se soutenir, qui deviendrait funeste encore au peuple dont vous stipulez les intérêts ; et si le Roi, fatigué de la résistance qu'il rencontre, cédait à ce vœu insensé, il ne serait bientôt que trop vengé.

En vous exposant avec une grande franchise, général, la véritable situation politique de votre pays, notre seul but est de vous faire ouvrir les yeux sur ce qui doit être vos plus chers intérêts. Il n'y a pas de gloire à soutenir sans nécessité une lutte dans laquelle un peu plus tôt, un peu plus tard, on a la certitude de succomber et de faire périr le peuple. C'est une témérité blâmable et aussi contraire à l'humanité qu'elle l'est à la raison.

Au surplus, général, voulant vous rapprocher autant qu'il est en nous, de cette indépendance qui seule, dites-vous, peut fixer le bonheur du peuple, nous allons vous faire connaître quelques-unes des concessions que nous pourrions faire au nom du Roi ; les voici :

ART. 1er. Il serait déclaré au nom du Roi que l'esclavage est aboli à St.-Domingue, et qu'il n'y serait jamais rétabli.

ART. 2. Que les droits civils et politiques seraient accordés à tous les citoyens, comme en France et aux mêmes conditions.

ART. 3. Que l'armée serait maintenue sur le même pied où elle se trouve aujourd'hui. Les officiers-généraux, les officiers supérieurs et particuliers, seraient confirmés par le Roi dans leurs grades respectifs, et tous jouiraient des mêmes traitemens, honneurs et distinctions dont jouissent les armées du Roi en France.

ART. 4. Que le Roi n'enverrait jamais de troupes

européennes à St.-Domingue. La défense de la colonie serait toujours confiée au courage et à la fidélité
des armées indigènes, qui ne seraient jamais employées hors de la colonie.

Art. 5. Le président de la république, les sénateurs,
conserveraient leurs prérogatives et le sénat ses attributions. Il resterait, ainsi que les autorités admi-
nistratives et judiciaires, provisoirement tels qu'ils
sont, sauf les modifications qu'il proposerait et arrêterait lui-même, d'accord avec les commissaires
de sa majesté; et dans le cas de changemens à l'a-
venir, ils ne s'effectueraient que d'après le mode qui
serait arrêté dans la revision de l'acte constitutionnel.

Art. 6. Que les anciens colons ne pourraient
arriver et résider dans la colonie, qu'en se soumet-
tant aux lois et règlemens qui seraient établis, no-
tamment à ceux qui concernent l'état des personnes
et des droits civils.

Art. 7. Qu'il serait fait par les autorités actuelles,
de concert avec les commissaires du Roi, un règle-
ment général sur les propriétés, afin de faire cesser
les incertitudes, et empêcher que de nouveaux troubles ne viennent encore retarder le rétablissement
de la colonie.

Art. 8. Que le président actuel serait nommé
gouverneur-général de la colonie; le commandant-

général actuel de l'armée serait nommé lieutenant-général au gouvernement. Ils conserveraient l'un et l'autre les pouvoirs qui se trouvent aujourd'hui dans leurs attributions, sauf les modifications que l'état des choses pourrait commander, mais cela ne se ferait que sur leur avis; ils seraient nommés à l'avenir par le Roi, sur la présentation de trois candidats choisis par le sénat.

Art. 9. Que les ports continueraient à être ouverts à toutes les puissances, aux conditions qui sont établies aujourd'hui pour les étrangers. Le sénat, suivant les circonstances et sur la demande du gouverneur-général représentant du Roi, pourraient en modifier les conditions.

Art. 10. Le Roi emploirait ses bons offices auprès de sa Sainteté pour obtenir un évêché pour cette co-colonie, et tous les secours spirituels qui doivent donner au peuple une plus grande masse de consolation.

Art. 11. Toutes les concessions du Roi s'étendraient au nord comme au sud et à l'ouest de la colonie.

Art. 12. L'acte constitutionnel serait revisé dans l'année par le sénat, pour, de concert avec messieurs les commissaires du Roi, en coordonner toutes les dispositions avec l'ordre qu'on voudrait établir. Le

Roi serait supplié de vouloir bien l'accepter après cette revision, et la garantir pour lui et pour ses successeurs.

D'après de telles concessions, il sera démontré au monde entier, qu'au lieu d'une indépendance fictive, le Roi a voulu vous donner une indépandance réelle, et d'autant plus certaine et plus durable, qu'elle n'offusquera personne, qu'elle ne blessera aucun intérêt, qu'elle sera soutenue au dedans par vous-mêmes, et qu'elle recevra au dehors une protection puissante. En effet, est il un peuple plus indépendant que celui qui a le choix de ses magistrats, de ses généraux, de ses fonctionnaires ; qui s'impose lui-même, qui forme son armée, qui a la certitude qu'elle ne sera jamais employée pour un service extérieur, et qui, pour soutenir ces prérogatives, a l'appui d'un grand prince qui commande à une nation valeureuse de vingt - cinq millions d'hommes ? Méconnaître les avantages de telles concessions, c'est vouloir conserver la fiction pour renoncer à la réalité.

Comment, d'ailleurs, le Roi pourrait-il reconnaître l'indépendance d'un pays où deux pouvoirs ennemis et deux genres de gouvernemens entièrement opposés se balancent ; dont l'un (les armes étant journalières) peut succomber sous les efforts de l'autre ?

Le Roi, en reconnaissant aujourd'hui votre indépendance, reconnaîtra par le fait votre république; et si, malgré votre courage et votre résolution, et par suite des chances très-ordinaires de la guerre, vous veniez à succomber, cette république serait aussitôt remplacée par un simulacre de monarchie horriblement absolue, et le Roi, s'il avait pu condescendre à vos vœux, aurait signé la perte et le malheur de ses sujets.

Nous espérons, général, que l'on appréciera l'esprit qui a dicté nos observations. Elles sont la suite du désir sincère que nous avons de voir cette colonie paisible et heureuse, et de combler ainsi l'un des vœux les plus chers du Roi. Nous continuerons jusqu'aux pieds du trône notre ministère pacifique, nous supplierons le Roi, quelque juste que doive être son mécontentement, de laisser au peuple de cette colonie le tems nécessaire pour qu'il puisse mûrir ces nouvelles réflexions et peser froidement ce qui peut lui offrir le plus d'avantages, ou de ce que vous demandez pour lui, ou de ce que le Roi voulait lui accorder. Sa majesté, qui espérait retrouver dans ces contrées, comme elle les a retrouvés dans toutes les autres, des enfans reconnaissans et des sujets fidèles, sera bien péniblement affectée, si elle se voit dans la nécessité de parler en Roi, quand elle aurait voulu parler toujours en père.

Quant à nous, général, notre séjour dans ce pays devenant inutile et même inconvénant, nous allons nous retirer dès que vous nous aurez accusé la réception de cette lettre. Nous vous remercions du bon accueil que vous nous avez fait, et nous en rendrons compte. Nous partons avec le sincère regret de n'avoir pu réussir à faire ce qui pouvait rendre le bonheur à cette colonie, et la paix aux familles ; et si leur avenir n'est pas aussi heureux qu'il pouvait l'être, si quelques malheurs nouveaux viennent encore les désoler, on pourra en accuser votre refus, votre résistance, mais jamais le cœur ni la justice du Roi.

Recevez, général, l'assurance de notre considération distinguée.

Les commissaires du roi,

Le vicomte DE FONTANGES.

ESMANGART.

NUMÉRO 15.

RÉPUBLIQUE D'HAÏTI.

Au Port-ou-Prince, le 10 novembre 1816,
an 13 de l'indépendance.

*Alexandre Pétion, président d'Haïti, à MM. les
commissaires de S. M. très - chrétienne.*

Messieurs,

J'ai reçu la lettre que vous m'avez fait l'honneur
de m'écrire sous cette date. J'y ai observé le développement des mêmes principes et des mêmes idées
que ceux énoncés dans vos communications, et qui
ramènent au point de reconnaître la souveraineté du
Roi de France sur cette île. Je pense y avoir répondu
dans mes précédentes lettres, et si les expressions
du serment que j'ai prêté à la nation (conformément
à nos lois) n'étaient pas aussi profondément gravées
dans mon ame, je n'aurais qu'à les relire pour me
convaincre que j'ai fait mon devoir, et que c'est sa
volonté bien déterminée que je vous ai annoncée en
vous disant qu'aucun changement d'état n'était ad-
missible.

Vous paraissez, tout en le discutant, en convenir
vous-mêmes et justifier le choix de gouvernement
que nous avons adopté pour notre garantie, à la première époque où nous l'avons consacré : les circonstances ayant changé en France, vous en inférez
qu'elles doivent aussi avoir changé pour nous. Il serait plus juste de croire que si le motif a été légitime
dans son principe, il serait aussi plus naturel de le
reconnaître aujourd'hui que de le rejeter. Par cet
acte solennel de la volonté du Roi de France, toutes
les conséquences des malheurs que vous entrevoyez
seraient détruites ; les précautions que vous prenez
dans le système mixte de gouvernement que vous
nous proposez deviendraient inutiles : rien n'altére-
rait la prospérité de la république dans ses rapports
honorablement calculés avec le gouvernement français, et toute méfiance cesserait.

En déclarant son indépendance, le peuple d'Haïti
l'a fait à l'univers entier, et non à la France en particulier. Rien ne pourra jamais le faire rétrograder
de cette inébranlable résolution ; il sait, par l'expérience de ses malheurs passés, par ses plaies qui sai-
gnent encore, que sa garantie ne peut être qu'en lui-
même et sans partage ; il a mesuré toute la force et
l'étendue de sa démarche, puisqu'il a préféré se vouer
à la mort, plutôt que de revenir sur ses pas, sans

avoir l'intention de se mettre en état d'hostilité contre qui que ce soit.

C'est au nom de la nation dont je suis le chef et l'interprète, que je vous ai parlé. Je ne compromettrai jamais sa souveraineté, et ma responsabilité est de me conformer aux bases du pacte social qu'elle a établi. Le peuple d'Haïti veut être libre et indépendant, je le veux avec lui : voilà la cause de mes refus, de ma résistance. Pour changer d'institutions, c'est la nation qui doit se prononcer, et non le chef.

En m'annonçant votre départ, je reçois, messieurs, avec satisfaction l'assurance de votre part que vous avez rencontré, pendant votre séjour dans la république, tout l'accueil et les égards qui vous sont dûs.

Recevez, messieurs, l'assurance de ma considération distinguée.

PÉTION.

LE lecteur verra, dans cette lettre de Morillo, comme dans un miroir fidèle, le tableau des difficultés de la guerre de Vénézuéla et des dispositions des habitans.

Tous les événemens prévus par Morillo se sont réalisés. Les indépendans sont les maîtres de tous les points qu'il indiquait.

Si cette lettre ne donne pas une fort bonne idée de la position de Morillo, elle est au moins très-propre à en faire concevoir une fort avantageuse de la justesse et de la pénétration de son esprit. Quel dommage qu'il ait été si cruel !

Correspondance du général Morillo, au ministre de la guerre, à Madrid, interceptée par les patriotes.

Très-excellent seigneur,

Depuis le moment de mon arrivée dans les eaux de Vénézuéla, j'ai informé S. M. de tout ce que j'ai cru nécessaire pour assurer la tranquillité et la sûreté des domaines du Roi, notre maître. J'ai donné dernièrement, sous la date de Cathagène, notice des besoins de cette vice-royauté, et maintenant, très-excellent seigneur, je pense qu'il est de mon devoir d'insister sur l'urgence d'envoyer des secours, spécialement à Vénézuéla. A mesure que j'ai envoyé des troupes au Pérou et à Porto-Rico, et que l'armée de S. M. a occupé les points évacués par les rebelles, elle s'est affaiblie en se disséminant : ce qui, ajouté aux maladies du climat, l'a réduite à un squelette, comparé à l'étendue du lieu qu'elle couvre et aux ennemis qu'elle a à combattre à Vénézuéla.

Lorsque la Marguerite fut prise, les fugitifs vinrent à Carthagène et organisèrent des troupes à Santa-Fé.

Une portion resta dans les îles étrangères, attendant l'occasion favorable, c'est-à-dire, la diminution des forces de l'armée, dans le dessein de révolutionner Cumana, la Marguerite et la Guayana. Carthagène a été prise par la force, et les rebelles se sont réfugiés aux Cayes, dans les vues d'aller attaquer de ce point tous les endroits faibles de la côte, pour continuer leurs attaques jusqu'aux lieux où ils pourront pénétrer. S'ils ne réussissent pas, ils pillent et se rembarquent. Les rebelles pensent, avec le produit de leur pillage, payer les fusils qu'ils achètent, et en ce moment ils ont au Port-au-Prince plus de 12,000 fusils, comme j'en ai déjà rendu compte à S. E. dans mes dernières dépêches, d'après la teneur des lettres interceptées. Selon ce court détail, S. M. verra que si les rebelles perdent le terrain, ils se réunissent ensuite et redeviennent plus forts, afin de se porter sur le point qu'ils veulent attaquer ; mais ils ne sont pas moins faibles en réalité.

Je supplie V. E. de jeter un instant les yeux sur l'état des forces que Vénézuéla avait lorsque ses habitans, sous les auspices de notre monarque, jouissaient de ses soins paternels, et elle verra qu'elles étaient plus considérables que celles qui se sont révoltées et qui sont obligées de combattre tous les jours. J'en dis de même à l'égard de cette vice-royauté, et conformément à ce que j'observe dans ma marche, la province de Carthagène peut se maintenir fidèle ; mais les habitans des autres endroits n'attendent plus que l'occasion de continuer leurs desseins criminels, et particulièrement les curés, parmi lesquels on n'en trouve pas un bon.

J'ai déjà demandé des missionnaires à S. M., maintenant j'ajoute qu'il serait très-convenable d'envoyer des curés et des avocats européens, parce que si les choses doivent aller ainsi, ont doit agir de la même manière que dans les premiers jours de la conquête. La nécessité de troupes, dont j'ai déjà informé S. E.

dans ma dépêche n° 153, et que nécessite la vice-royauté de Santa-Fé, est un fait positif, parce que s'il était possible de conquérir à présent toute cette partie du pays, il ne faudrait pas laisser la division du colonel Calzada, ni l'avant-garde de la rive droite de la rivière la Magdeleine, parce que les rebelles iraient à Vénézuéla grossir le nombre des ennemis. Mais si l'on pouvait les faire marcher contre le Pérou, les soldats de cette division et avant-garde y seraient de la plus grande utilité, parce qu'ils sont guerriers et susceptibles d'être bien disciplinés, quoiqu'ils aient à présent beaucoup à faire à Antiguia, Popayan et Choco. Je parle ici à V. E. des créoles qui n'ont pas suivi les révoltés, et dans la persuasion de recevoir promptement des troupes, parce que si je tarde à les recevoir, je ne peux assurer V. E. quel sera ensuite le nombre dont on aura besoin. Il y a aujourd'hui à Vénézuéla deux points qui sont menacés et qui sont de la plus grande importance à S. M. : ce sont la Marguerite et Guayana. Dans ce premier point, les rebelles sont bien dirigés et pourvus de tout le nécessaire. Ils combattent d'une manière extraordinaire, et les troupes de S. M. ont été obligées de s'y mettre sur la défensive. Si le perfide Bolivar va dans cette île avec l'expédition qui se forme aux Cayes, je ne sais ce que deviendront la Marguerite et Cumana. L'attaque de la Marguerite est combinée avec celle de Guayana , où le nombre des rebelles augmente. Ils occupent un grand terrain autour de la capitale. Ils interceptent les bestiaux, et s'ils attaquent la ville, elle sera obligée de se rendre. De cette manière, ils acquerront des avantages incalculables. Je considère que cette province est de la plus grande importance, parce qu'à Madrid j'ai dit à S. M. que si elle était perdue et occupée par des forces considérable, Caracas et Santa-Fé seraient en péril.

Je supplie donc V. E. de considérer la position locale de cette île et de faire attention que les rivières de l'Orénoque , de l'Apure et de la Meta sont navigables, et que l'on y navigue à une plus grande distance que je ne le croyais auparavant. Qu'elle réfléchisse aussi aux plaines qu'occupent les rebelles , et où ils élèvent des bestiaux de toute espèce. Les rebelles de Vénézuéla ont adopté le système de maintenir de fortes guérilles qui suivent la méthode que nous avions en Espagne dans le tems des Français, et je prévois leur réunion avant même l'arrivée de Bolivar, ou de tout autre chef de réputation. Si elles s'aperçoivent que nous sommes en petit nombre, elles nous attaqueront en masse. En Espagne, on croit qu'il y a peu de chefs à la tête de l'insurrection de ces vastes contrées ; mais, très excellent seigueur, il est déjà tems qu'on pense d'une autre manière, au moins à l'égard des provinces de Vénézuéla. Ici le clergé, ainsi que toutes les classes de la société, soupirent pour l'indépendance. Leur aveuglement est impardonnable, puisqu'ils travaillent pour les hommes de couleur. Ceux-ci auraient réussi dans leurs projets, si notre expédition ne fût venue à tems. Les hommes de couleur sont vigoureux, braves, très-sobres, n'ont pas besoin d'hôpitaux ni d'uniformes. Je ne crois pas cependant qu'il règne la même obstination dans l'intérieur de la vice-royauté; mais en tout cas, il est indispensable d'augmenter le nombre des troupes, parce que la garnison de Carthagène consomme considérablement d'hommes : de plus, il est nécessaire qu'elle soit nombreuse, afin de pouvoir contenir le feu de l'insurrection. La force militaire de la Nouvelle-Grenade doit être supérieure à celle qu'elle était vers le milieu du dernier siècle. Si nous perdons la Marguerite, les insurgés la fortifie-ront, et pour la reconquérir, il faudra une autre ex-pédition. En attendant, le commerce d'ici au golfe du Mexique se verra exposé à mille périls. Si la Guayana a le même sort, une conquête nouvelle en sera encore plus difficile; et si, en même tems, elle a un chef qui dirige ses forces vers Casanare et Tunja, et qui combine une attaque contre Paraguana, dans

la province de Coro, les armes de S. M. succombe-
ront. Mais tous ces malheurs, même lorsque les ennemis nous attaqueraient, ne nous feraient rien, si
l'on augmente l'infanterie et la cavalerie, et s'il nous
arrive de nouveaux secours. Les expéditions qui
viendront doivent toucher à la Marguerite, et de là,
prendre le rhumb de vent au large de la côte.

D'après la peinture que je viens de faire, je ne dé-
sire pas que V. E. croie que mon intention est d'attrister le cœur de S. M., mais bien au contraire, c'est
pour l'animer, afin que les dépenses qu'on a faites,
ainsi que ses colonies, ne soient pas perdues. Si à
présent nous sommes capables de surmonter les obstacles de la faim et d'une privation totale de moyens,
nous nous flattons de voir le fruit de nos travaux
couronné. J'ai besoin d'hommes, de fusils et de munitions. On doit faire beaucoup attention à Vénézuéla, qui, en révolutions, fournit aux autres provinces des chefs et des officiers, attendu qu'ils sont
plus hardis et mieux disciplinés que ceux des autres
endroits. En conséquence, on a besoin de fortifier
cette capitainerie générale, d'où les rebelles qui sont
à Varinas, peuvent venir à Santa-Fé par des chemins
qui sont fréquentés, quoique très-scabreux.

Que Dieu accorde à V. E. de longues années.

Au quartier-général de Monpox le 7 mars 1817.

Excellentissime seigneur. *Signé*, PABLO MORILLO.

Le général Morillo au commandant de la force armée de l'île Marguerite.

Les troupes du Roi sous mon commandement ont, pour la seconde fois, débarqué sur cette île, qui, je l'espère, sera bientôt soumise à la domination de son légitime souverain. Je connais vos résolutions; mais je suis persuadé que la masse des habitans qu'elles ont entraînés, n'ont jamais pensé qu'elles les exposeraient aux maux graves et désastreux qui les menacent. Vos disgraces sont l'ouvrage d'un homme pervers; le sang qui s'est répandu, les malheurs que vous éprouvez, sont les seuls bienfaits que vous devez à son cœur exécrable. — Vous me connaissez tous, mon langage et mes sentimens ne peuvent vous être suspects. — Je me dispose à commencer une campagne dont le succès ne peut être douteux. Vous connaissez les moyens qui sont à ma disposition, ils sont plus que suffisans pour réaliser mes plans.— Cependant, désireux de votre bien, mon amour pour l'humanité m'engage à vous adresser cette sommation; j'y joins une proclamation au peuple de Marguerite, dans laquelle je lui exprime mes sentimens avec la franchise qui caractérise un militaire; le sort vous a placé dans une situation qui vous met à même de faire le bonheur de votre patrie, en prenant le seul parti

que vous commande la raison et votre devoir. — Si
vous faites désarmer les habitans de Marguerite, si
vous vous soumettez avec eux sous la loi de notre
bien-aimé souverain Ferdinand VII, les hostilités
cesseront, le passé sera oublié, et vous pouvez
compter sur la protection du gouvernement de S. M.
Les chefs, les personnes dévouées à la légitimité,
qui vous seconderaient dans cette importante circonstance, seront récompensés à raison des services
qu'ils rendront. — Celui que j'ai chargé de vous re-
mettre cette sommation, vous instruira de tout ce
que vous désireriez savoir pour régler votre conduite. — Si vous persistez dans votre obstination, et
que l'infidélité de votre parti ose encore me résister à
l'avenir, vous n'aurez pas à vous plaindre des désastres qui vous menacent ; et je vous déclare que, sans
vous faire de vaines menaces, sans vous parler avec
ostentation de mon pouvoir, l'exemple que j'exerce-
rai sur votre île sera tel, qu'il n'y aura pas un seul
individu qui ne soit atteint du châtiment que mérite
ses crimes, et qui puisse même conserver la mémoire
des scènes sanglantes et terribles qu'il souffrira, ainsi
que sa famille.

PROCLAMATION.

Habitans de la Marguerite, au mois d'avril dernier, j'étais à Ocana; je vous promis alors que je re-
viendrais sur vos rivages, pour punir les rebelles qui
sont parmi vous, et rétablir l'ordre qu'ils avaient al-
téré. L'hypocrite et méprisable Arismendi vous disait
que je vous trompais; mais vous voyez que j'ai rempli ma promesse, après avoir laissé le royaume de la
'Nouvelle-Grenade soumis, jouissant de son ancienne
félicité. Les provinces de ces beaux pays connaissent
aujourd'hui ma conduite, et peuvent apprécier votre
situation. Habitans de Marguerite, je sais tous les
détails de votre révolution, et j'en connais tous les
infâmes auteurs. La plupart d'entre eux vous ont
abandonné, comme des lâches, à votre propre sort,
au moment de mon arrivée, et fuient le danger qui
les menace : tel Arismendi, né pour votre malheur,
aussi poltron que méprisable. Que ne vient-il à votre
secours, avec cette tourbe de misérables qui parlaient
de leur vaillance loin du danger? Mais ils émigrent
tous aujourd'hui; ils vous abandonnent sous différens prétextes, et le pirate Brion a fini par piller
votre île, et s'enfuir avec ses bâtimens.—Dans cette
circonstance, je vous invite à mériter la clémence de

notre bien-aimé souverain Ferdinand VII, dont le cœur auguste et majestueux n'ambitionne que le bien, la félicité de ses sujets. Soyez-en donc dignes, et comptez sur votre pardon, si vous vous soumettez de de suite. — L'expérience vous a appris que je... accomplir mes promesses, et que ma parole est in... violable. Vous ne pouvez douter de votre sort, quand il vous conste qu'indépendamment de la division qui vient d'arriver de la péninsule, j'ai sous mes ordres celles d'une armée dont la valeur et la détermination vous sont bien connues.—Si, malgré cette démarche que m'inspire l'humanité, et les principes qui ont toujours dirigé ma conduite, vous persistez dans votre rébellion, ainsi que vous l'avez fait depuis mon débarquement, rien ne pourrra plus m'arrêter, toute considération disparaîtra; je marcherai sur vous avec les forces respectables qui sont sous mes ordres : la désolation et la terreur seront à leur tête ; et si les traîtres de Barcelonne terminèrent par ma juste vengeance leur criminelle existence , je veux qu'on ne retrouve même pas les cendres de cette île déloyale, ni la mémoire des infâmes rebelles qui, méprisant le pardon de leur souverain, s'obstinèrent à leur propre extermination.

Réponse du gouverneur de l'île de la Marguerite à son excellence le général en chef des troupes du roi Ferdinand VII.

Les Spartiates de Colombia ont vu, avec une singulière surprise, le parlementaire inattendu que V. Exc. leur a envoyé : ils s'étonnent que vous leur adressiez, dans un stile barbare, l'intimation de vous rendre cette île après avoir hostilisé ses côtes de la manière la plus sanguinaire, sans que vous ayez préalablement mis en usage ce moyen ; cependant ils voient avec satisfaction que V. Exc. a connu son égarement, en jugeant le juste ressentiment d'une légitime défense et la noble résolution de venger les nouveaux outrages que vous nous faites éprouver. — Les troupes de ce roi que commande V. Exc. n'ont rien obtenu en venant souiller encore les plages arides de la Marguerite, et ne peuvent, par cela, espérer de la rendre à la tyrannique domination de l'Espagne. C'est aussi impossible qu'il le serait de croire que V. Exc. pût accomplir les promesses qu'elle fait toujours par des phrases mensongères, quand elle parle de l'inviolabilité de sa parole. Si V. Exc. connaît bien les résolutions de la masse des habitans de cette île, elle doit voir aussi que ce n'est pas la cause de quelques individus que nous défendons, et que le brave général Arismendi, à qui V. Exc. attribue l'origine de nos malheurs, loin de nous valoir les maux qu'elle suppose, mit en votre pouvoir le don précieux de la liberté, sut nous élever au faîte de la gloire, nous laissant, à son départ, de savantes leçons pour notre défense, et l'exemple utile de toujours vaincre les Espagnols. Le sang qui s'est versé, celui qui pourra se répandre encore, c'est vous qui l'avez voulu ; tout homme né doit-il pas se défendre contre ses ennemis ? Ne savez-vous pas la haine que les habitans de cette île ont voué à leurs oppresseurs ? Et pourquoi voulez-vous attribuer vos crimes au héros Arismendi ? Admirez l'enthousiasme qui nous anime tous, pour vous ensevelir sous les ruines de notre pays, avec tout ce que nous possédons de plus cher, plutôt que de laisser apercevoir à la postérité, dans le brillant tableau de nos victoires, la déshonorante tache d'une servile humiliation.

Oui, il est vrai, V. Exc. est bien connue de nous tous, et jamais les habitans de la Marguerite ne perdront le souvenir des trompeuses promesses que vous leur fîtes autrefois. Au lieu du bien que vous leur assuriez, ils furent accablés de toute espèce de maux. — Un cri général se fit entendre sur ces rochers ; ce cri douloureux fut celui qui détermina sa

juste insurrection qu'il a eu le droit d'adopter. Depuis lors nous avons renouvelé nos sermens de vaincre ou de mourir, en effaçant de notre mémoire les
trompeuses paroles de *pardon*, *d'oubli du passé*,
avec lesquelles tous les chefs espagnols colorent toujours leurs intentions, et les perfides trames qu'ils
ne cessent d'ourdir pour nous sacrifier. — Ainsi il
paraît superflu de répondre à cette manœuvre ou démarche que V. Exc. a eu la bonté de faire en faveur
de l'humanité, lorsqu'en même tems elle nous menace de détruire sans retour cette île. Il ne nous reste
qu'à lui faire connaître les sentimens unanimes de ses
habitans, et leurs dernières résolutions. — Si vous
êtes vainqueurs, vous régnerez sur les hideux dé-
combres, sur les cendres et les lugubres restes que
vous laisseront notre constance et notre valeur. C'est
avec eux que votre tyrannique ambition pourra se
complaire ; elle dominera la triste dévastation de la
Marguerite, jamais ses défenseurs.

SUPPLÉMENT.

Dans l'intervalle qui s'est écoulé entre la composition et la publication de cet ouvrage, le tems a découvert quelques parties de cet avenir dont il semble être encore plus *gros* en Amérique qu'il ne l'est en Europe.

Le monde vient de voir ce qu'il n'avait jamais vu : une archiduchesse d'Autriche franchissant les mers pour aller au Brésil essayer le premier trône que l'Amérique ait offert à une princesse venue d'Europe pour régner sur elle : la fille des Césars modernes, transplantée dans des climats dont les premiers Césars n'avaient point soupçonné l'existence. Jamais l'aigle d'Autriche, cet aigle qui, à l'aspect des trônes, se transforme si volontiers en colombe (1), n'avait pris un vol aussi lointain. Cette alliance est l'initiative de celles que le nouveau Monde est appelé à contracter avec l'ancien : liens heureux, liens favorables pour

____

(1) *Tu felix Austria nube.*

tous les deux , en leur donnant les moyens de
se connaître mieux , en les forçant à travailler
l'un pour l'autre , et à veiller à leur bonheur
mutuel. Avec quelle joie l'Amérique n'ouvri-
rait-elle point son sein aux grandes familles de
l'Europe qui, trop pressées et gênées chez
elle, trouveraient dans ces régions de quoi remonter à la hauteur d'une illustre origine, et
qui se plairaient sans doute à échanger entre
elles leurs enfans , en réunissant les rejetons au
noble tronc qui les aurait cédés à leur nouveau
séjour. On peut croire aussi que les disgraces
de la fortune trouveraient auprès des héri-
tières de l'Amérique autant de moyens de réparation que peuvent en offrir celles de l'Europe.

Ceux qui dans le mariage qui a fait transporter
au Brésil une archiduchesse d'Autriche , n'apperçoivent qu'une union ordinaire entre des
maisons souveraines, ne voient que la plus
petite partie de ce qui se trouve dans cet
hymen (1).

---

(1) On sent que nous raisonnons dans la supposition de la vérité du rapport officiel de Mexico, du 28
octobre 1817.

Mina a succombé : ce n'est pas là ce qui doit étonner, mais bien qu'il ait autant duré. Au reste, les circonstances de sa fin ne sont point encore connues. En effet, que croire, lorsqu'un seul parle et ne se fait entendre que pour publier ses avantages. Sûrement on fera beaucoup de bruit de cet événement: comment déterminer jusqu'à quel point il le mérite?

L'insurrection est-elle morte avec Mina? lui survit-elle? qui a péri avec lui? est-ce un corps avancé, surpris? est-ce tout ce qui était insurgé et en armes? Le rapport officiel parle de défilé, de deux cents hommes dont une partie doit avoir péri; d'autres rapports citent de grands avantages remportés depuis cette époque par les insurgés entre Mexico et Vera-Cruz : il y a donc d'autres insurgés que Mina? sa fin, la destruction de son corps ne seraient donc point l'anéantissement de ceux qui combattent pour l'indépendance? Il reste, comme on voit, bien des choses à expliquer dans cet événement, pour en déterminer la véritable valeur.

En attendant que ces ténèbres soient dissipés, il faut revenir aux principes qui montrent que le sort du Mexique ne dépend pas d'un

événement isolé, mais des dispositions générales du pays et des circonstances environ-
nantes. Si les principes et le goût de l'indépendance vivent au Mexique comme dans le
reste de l'Amérique, ainsi que l'on n'en peut
guère douter, si telle est la tendance générale
du pays, la perte de Mina, et celle de beaucoup
d'autres après lui, n'y feront rien et ne l'empêcheront point de remplir sa destinée ; elles
n'empêcheront point que le Mexique, situé
entre la double indépendance de l'Amérique
méridionale et de l'Amérique du nord, ne fi-
nisse par être entraîné dans le même tourbillon:
comment l'exclusif du commerce serait-il
maintenu pour le Mexique seul, lorsque tout
le reste des deux Amériques en aurait secoué
le joug ? Tombe-t-il sous le sens que de pareils
contrastes qui portent sur des intérêts si vifs,
puissent être de quelque durée ?

Il faut donc revenir à ce qui, depuis beaucoup d'années, a été indiqué comme le meilleur usage que l'Espagne puisse faire du cré-
puscule de puissance qui lui reste au Mexique, et ce moyen ne peut être autre que celui
de faire du Mexique, s'il en est tems encore,
un établissement souverain et indépendant

pour un prince d'Espagne, aux conditions les plus favorables pour l'Espagne.

L'Europe a entendu le président des Etats-Unis à l'ouverture du congrès : ce discours n'est pas seulement un discours, c'est un événement ! Comme il est plein, que de choses, quel tableau, quel présent, quel avenir !

Dans ce discours sont décidés le sort des Florides, de l'île Amélia, ainsi que la nature de la guerre entre l'Espagne et ses colonies. La géographie donnait les Florides aux Etats-Unis. La guerre ou la diplomatie réaliseront ses indications. Il faut regarder ces deux points comme décidés.

Par l'acquisition des Florides les Etats-Unis s'étendent depuis l'Acadie jusqu'aux frontières du Mexique : les espaces sont immenses, c'est une des plus vastes associations formées parmi les hommes : assignera qui pourra le terme de sa population et de sa richesse ! Désormais les Etats-Unis ne peuvent plus s'étendre du côté du midi, où ils rencontreraient le Mexique. Si quelqu'extension leur est encore permise, elle aura lieu du côté du Canada, pays dont le sort tient à l'accroissement de la population américaine. Lorsqu'elle s'élevera à 5o , à 4o millions d'hommes , on verra à qui appartient *le Canada*, de l'Angleterre ou des Etats-Unis. Les droits de la nature , a dit le président , demandent ces progrès , ils sont les signes d'une croissance rapide et gigantesque.

Le président s'est tenu bien loin des opinions que l'on cherche à accréditer en Europe contre l'indépendance américaine. Après avoir relevé l'intérêt que cette lutte a relativement aux Etats-Unis , la neutralité observée par eux , les molestations subies par eux , par suite de la guerre, le chef du gouvernement américain a articulé que *les Etats-Unis ont envisagé cette lutte non point comme une insurrection ou une rebellion ordinaire , mais comme une guerre civile entre deux partis à peu près égaux , ayant tous deux des droits égaux auprès des puissances neutres. Nos ports , a-t-il ajouté , ont été ouverts aux deux pavillons , et tout objet produit de notre sol ou de notre industrie dont l'exportation a été permise à un parti , l'a été également à l'autre.* Voilà la question nettement posée, voilà de la raison et de la franchise, voilà une fin donnée à cette espèce de dissimulation

d'après laquelle on est reconnu sans reconnaître , comme font les peuples qui trouvent
fort bon de commercer avec l'Amérique , et
d'entretenir chez elle des agens protecteurs de
leur commerce , tandis qu'ils ne reçoivent pas
les agens des indépendans , et ne reconnaissent
point leurs pavillons. Il faut faire des vœux pour
que cette franchise d'action et de langage serve
d'enseignement et de modèle à l'Europe.

Les États-Unis envoient des députés pour
explorer toutes les parties des états-indépen-
dans ; d'importantes résolutions ne peuvent
manquer de suivre des rapports qui seront
faits par les commissaires; c'est encore un exemple qu'il serait bien à désirer que l'on imitât, pour
fixer enfin ses idées et ses plans sur ces contrées.

Le reste du discours du président est le tableau le plus attrayant et le plus complet qui
puisse être fait des progrès d'un peuple vers une
espèce de prospérité encore inconnue parmi les
hommes. Après trois ans de paix , une partie
des taxes est inutile, la dette publique prête à
succomber sous l'action d'un amortissement
qui s'élève presqu'à la moitié du revenu de
l'état. La dette américaine n'excède pas 500

millions ; l'amortissement est de 5o millions. La libération sera complète dans 9 ans. En France, l'amortissement est plus faible d'un cinquième qu'en Amérique , et la dette, après toutes les liquidations, sera 9 fois plus forte.

Il est donc réservé aux Etats-Unis d'étaler à tous les yeux, dans l'alliance de la morale et de l'economie, la solution du grand problême des sociétés , celui de savoir comment un peuple peut être gouverné le mieux possible et à meilleur marché.

Qui pourrait se refuser à applaudir à la déclaration par laquelle le président annonce que lorsque les indépendans auront prévalu , les Etats-Unis renonceront aux avantages de commerce qu'ils en ont reçus momentanément, et qu'ils se borneront à la plus parfaite réciprocité avec toutes les autres nations.

Jamais rien de plus noble, de plus désintéressé , de plus social, on pourrait dire de plus humain, n'est sorti de la bouche d'aucun chef d'association d'hommes. C'est le premier exemple d'une renonciation semblable , c'est l'arrêt de mort des anciennes pratiques dont on se montrait si jaloux, *sur les nations les plus favorisées.* Désormais il n'y a plus de favoris pour les nations que l'industrie et le bon marché.

Bolivar s'est avancé sur Caracas, laissant à Angustura le gouvernement de Vénézuéla. On voit qu'il est là en attendant l'issue des événemens militaires. Les corps d'armée l'avaient précédé et se portaient de toute part vers les points occupés par les Espagnols. Quelques jours apprendront ce qui se sera passé entre eux. La conspiration formée par les généraux Paër et Marino pour faire prévaloir les hommes de couleur sur les blancs, fournit la confirmation des motifs de crainte que nous avons exprimés sur les dangers de l'armement de ces couleurs que la guerre rend indispensable, qu'elle maintiendra, qu'elle augmentera, et avec lui les dangers des blancs, grande raison pour faire mettre le terme le plus prompt à une lutte qui porte avec elle des chances aussi formidables.

9 782329 071336